ALEXANDRE PILENCO

LES MŒURS ÉLECTORALES EN FRANCE

· régime censitaire

Le
monde
moderne

Collection " Les Essais du XXᵉ siècle ".

Que la littérature d'imagination, que même les soupirs poussés vers l'indécis et l'infini, suffisent à résumer les tendances essentielles d'une époque, il s'en faut de beaucoup.

A côté de cette littérature et de ceux qui la représentent, il y a en effet, l'*Essai*, dont une des formules les plus heureuses a été donnée par Montaigne. Parler de tout à propos de rien ou de peu de chose, ou concentrer toute la lumière sur un sujet nettement circonscrit, de façon à en écrire la monographie ; discuter littérature, politique, sociologie, plus longuement qu'il n'est permis de le faire en une brève colonne de journal ; que si, à l'occasion, telles de ces chroniques réunies peuvent représenter une " somme " satisfaisante, les grouper : c'est ce que nous sommes proposés de réaliser dans cette nouvelle collection.

Déjà paru :

I. LUCIEN CORPECHOT. — *L'Esprit de France.*

II. MARCEL COULON — *Le Génie de J.-H. Fabre.*

III. LAURENT TAILHADE. — *Masques et Visages.*

IV. PAUL-LOUIS. — *Les Types sociaux chez Balzac et Zola.*

V. JEAN PSICHARI. — *Ernest Renan, jugements et souvenirs.*

VI. JOSÉ VINCENT. — *Propos un peu vifs.*

VII. LOUIS ESTEVE. — *L'Enigme de l'Androgyne.*

VIII. DENIS SAURAT. — *Tendances.*

IX. CAMILLE SPIESS. — *Le Sexe androgyne ou divin.*

X. HAN RYNER. — *La Sagesse qui rit.*

IMP. GROU-RADENEZ, 11, RUE DE SÈVRES, PARIS. 2697X - 1-28

LES MŒURS ÉLECTORALES EN FRANCE

EN FRANCE

RÉGIME CENSITAIRE

RÉGIE DU DÉPOT LÉGAL

BIBLIOTHÈQUE NATIONALE

Dépôt l'ÉDITEUR

Le 19 V 1928

A Volumes n° 4471

Collection " Les Essais du 20ᵉ Siècle Nᵒ 11 "

Alexandre PILENCO

Les Mœurs Electorales en France

RÉGIME CENSITAIRE

LES ÉDITIONS DU MONDE MODERNE
79 BIS, RUE DE VAUGIRARD, 79 BIS
PARIS

Tous droits réservés

Copyright by Alexandre Pilenco 1928.

AVANT-PROPOS

Après la guerre, des dictatures ont surgi. A droite et à gauche.

Des hommes politiques, impatients ou sceptiques, proclament la faillite de la démocratie, reviennent à des moyens d'action que l'on croyait le privilège d'âges disparus.

Que la démocratie traverse une crise, personne ne le contestera; mais que cette crise soit le signe de la fin, rien n'est moins sûr. Durant des siècles, les absolutismes ont pu forger des doctrines, accumuler des traditions. Depuis combien de temps la démocratie est-elle autorisée à se développer, à s'affirmer? Cent ans en Amérique ; à peine quarante-sept ans en France!

Est-il juste d'exiger qu'en si peu de temps la République tienne toutes ses promesses?

On oublie trop facilement que ce genre de gouvernement impose aux citoyens un apprentissage d'autant plus délicat que leur participation au pouvoir est plus immédiate.

Les mœurs de la démocratie sont lentes à se former. Le présent ouvrage n'a d'autre but que d'établir sur des bases historiques ce simple fait. Si des erreurs ont été commises, il faut les étudier. Un mal connu est à moitié guéri.

L'auteur n'a donc pas craint de dire toute la vérité sur ce que l'on peut reprocher aux élections et aux électeurs. Quels que soient les faits rapportés dans cet ouvrage, sa conviction reste entière que l'avenir ne peut appartenir qu'aux républiques parlementaires et démocratiques.

Mais cet avenir ne sera assuré que le jour où tout électeur travaillera sincèrement à restreindre librement la liberté que la loi lui garantit, à s'imposer la réserve civique, sans laquelle aucune institution libre ne peut fonctionner et vivre.

Paris, Avril 1928.

INTRODUCTION

Les partis politiques.

Les élections, il y a cent ans, ne ressemblaient en rien à ce qu'elles sont aujourd'hui. On s'imagine mal les conditions dans lesquelles elles se déroulaient.

Les partis politiques n'existaient pas.

La Restauration cherchait à fonder ses assises sur des hommes nouveaux, sur les couches sociales que la charrue de 1814 avait fraîchement mises au jour. Ces hommes avaient en horreur tout ce qui rappelait les traditions révolutionnaires, legs du XVIII° siècle finissant. L'Empire et le retour des Bourbons, comme un couperet, avaient sectionné tous liens d'idées entre les hommes de la grande Révolution et ceux du XIX° siècle; ou, plus exactement, entre les « fédérés », les « régicides », d'un côté, et, de l'autre, le groupe des citoyens censitaires qui furent appelés, après 1815, à former le corps électoral. Il a fallu que naquît et se formât

2.

une nouvelle génération, pour reprendre ces traditions que le 18 brumaire avait ensevelies.

Rien ne fut plus immense que le gouffre formé entre les conventionnels, même grâciés, et ceux qui se considéraient les maîtres du pays. On connaît les paroles consacrées par Quinet aux hommes de 1793 réintégrés dans leurs foyers: « Après s'être convaincus qu'ils étaient incommodes aux vivants, ils se tinrent à l'écart, dans quelque abri obscur, regrettant, comme l'un d'eux me l'a avoué, l'exil lointain d'où ils étaient sortis et trouvant le retour pire cent fois que la mort qui ne pouvait pas tarder de suivre. »

Le passé des émigrés eux-mêmes n'était point de nature à favoriser la formation de mœurs politiques qui leur fussent propres. Où les auraient-ils acquises? La plupart avaient passé vingt ans en exil ; ceux qui n'avaient pas quitté la France, n'avaient cherché qu'à se faire oublier par le Directoire, par le Consul, par l'Empereur. Ils manquaient plus que de traditions politiques : ils n'avaient même pas la plus élémentaire instruction civique. Lors de la convocation de la première Chambre (« introuvable »), les députés commencèrent par se distribuer les sièges non pas selon leurs affinités politiques, mais « par province ».

Il faut donc accepter comme axiome que ni la Restauration, ni la monarchie de Juillet n'ont connu de partis politiques dans le sens moderne de ce mot. Des tendances plus ou moins imprécises se manifestaient ; des groupes parlementaires se formaient et se disloquaient; des hommes éminents exerçaient sur des députés moins marquants une influence toute personnelle ; des « comités » surgissaient par génération spontanée pour diriger un scrutin : mais aucune de ces combinaisons éphémères n'a mérité le nom de parti politique. Elles ne comportaient ni programmes élaborés par un accord mutuel des membres, ni discipline volontairement acceptée. Le parti ministériel n'en était pas un, et les républicains se voyaient réduits à végéter dans des sociétés secrètes.

La notion même de parti politique était honnie. Elle ne cadrait guère avec la Charte octroyée. Le Roi étant animé de dispositions si bienveillantes («paternelles »), la Chambre n'avait qu'à lui assurer le concours de ceux qui aspirent à la tranquillité « garantie par la modération ». Etaient donc nuisibles à l'évolution de cette idylle tous les « factieux », tous les « gens de parti », toutes les personnes qui complotent et organisent des « cabales ». Il existe de nombreux écrits consacrés aux « factions ». On remonte aux Mérovingiens en pourchassant les spectres des « intérêts contraires à ceux de la majorité de la nation ». « Dans ce sens, on peut dire que l'histoire de la nation française n'est que l'histoire d'une longue suite de factions. Presque toujours la nation a manifesté les mêmes vœux; les factions en ont presque toujours empêché l'accomplissement. Les Mérovingiens, unis aux Leudes et aux prêtres, étaient une faction (1)... »

Le terme *parti* n'était employé que dans le sens purement péjoratif : « Tout à coup, des cris sinistres frappent mes oreilles. Aussi aveugle dans ses calculs que funeste dans ses résultats, l'esprit de faction n'a pas craint de montrer sa tête hideuse et de secouer ses torches sur les rives de la Drôme (2). » « Il y a un projet de protestation que l'on colporte dans la ville et qui ne peut être dictée que par l'esprit de parti (3). »

Un candidat à la députation s'est vu reléguer et mettre sous la surveillance de la police politique : il avait suffi qu'il se conduisît, selon les dires du commissaire de police de Dijon, non en patriote, mais en chef de parti (4). Ce mot signifiait la discorde, les conflits, la haine, les intrigues. Mirabeau lui-même n'avait-il pas condamné les partis? On citait volontiers le grand tribun :

> Comme le despotisme est la mort du gouvernement monarchique, les factions, les brigues,

---

(1) A. DE CARRION. *De la Nation et des factions*, 1819, p. 111.

(2) *Journal de la Drôme*, 1820, n° 89.

(3) Archives Nationales. Fic. III. Préfet de l'Ain au Ministre de l'intérieur, 7 octobre 1816.

(4) Archives Nationales. F7 4.348. Incident de M. Baland.

les cabales sont le poison du gouvernement représentatif. On intrigue d'abord parce qu'on croit servir la chose publique, on finit par intriguer par corruption. Tel qui ne recueille des suffrages que pour son ami, les donnerait bientôt à l'homme puissant qui les échangerait pour des services, au despote qui les achèterait avec de l'or. Lorsqu'une influence quelconque s'exerce sur des suffrages, les choix populaires paraissent être libres, ils ne sont plus le fruit de ce premier mouvement de l'âme qui ne se porte que sur le mérite et la vertu. Partout où ce germe corrupteur infecte et vicie les élections publiques, le peuple se dégoûte de ses propres choix, parce qu'ils ne sont plus son propre ouvrage; on se décourage, on méprise les lois; alors naissent les factions, et les fonctionnaires publics ne sont plus que les hommes d'un parti. Alors s'introduit la plus dangereuse des aristocraties, celle des hommes ardents contre les citoyens paisibles, et la carrière de l'administration n'est plus qu'une arène périlleuse; alors le droit d'être flatté, de se laisser acheter et corrompre une fois chaque année, est le seul fruit, le fruit perfide que le peuple retire de sa liberté.

La doctrine officielle était donc bien nette : en France, on pouvait trouver des députés non ministériels dont l'égarement était dû à leurs « passions », mais dans le pays, ni dans la Chambre, il ne devait pas exister de *partis*. En 1827, *le Moniteur Universel* annonçait gravement que toutes les classifications des députés par leurs attaches à un parti déterminé étaient « indécentes » : on était avocat ou maître des requêtes, mais on ne pouvait pas être autre chose que royaliste, ne fût-ce que parce qu'on avait juré d'être fidèle à la Charte. Or, les royalistes forment la nation ; ils ne sont pas un parti. Voici comment s'exprimait à ce sujet un député de la droite, le 9 mai 1828 : « ... Les royalistes ne sont pas un parti : ce nom ne leur convient nullement, nous le repoussons comme indigne de nous. Avec lui, nous vous abandonnons toutes les intrigues, toutes les menées sourdes et clandestines à l'aide desquelles, etc.... (1) »

A la veille de la révolution de 1830, il s'est trouvé un candidat qui préconisait le moyen le plus simple d'amener « une véritable fusion des partis » : chaque député tirerait au sort un numéro « dans une urne à ce destinée » et il se placerait « pendant toute la session à la place qui lui serait indiquée par ce numéro (2). »

La monarchie de Juillet n'apporte que peu de changement à la question des « factieux ».

« Je me présente à vos suffrages libre de toute espèce d'engagement. » Ce début d'une brochure électorale d'un candidat obscur (3) est le leitmotiv de la plupart des écrits de ce genre. On se vante

____

(1) *Moniteur*, 1828, p. 618.
(2) Affiche lithographiée, chez Noël, signée B. de Brughat, 16 mai 1830, Estampes, Qb 159.
(3) JUSTINIEN TESTE LEBEAU. *A Messieurs les électeurs du 4ᵉ arrondissement électoral de Vienne*, 1842 chez Timon, Vienne.

de ne pas avoir de liens avec les partis : « Homme nouveau, sans antécédents politiques, libre de tout engagement... (1) »

Le titre d'indépendant, qui avait eu une si belle carrière sous la Restauration, hante beaucoup d'esprits; mais les candidats confondent l'indépendance vis-à-vis du gouvernement et celle, tout autre, vis-à-vis des partis politiques. « Sans engagement avec aucun parti, indépendant par caractère et par position...», dit le marquis de Praslin (2).

Enfin, reproduisons les titres dont se prévaut M. Leroux Duchâtelet, candidat : « Agriculteur, vierge d'antécédents politiques.... (3) »

Il est assez malaisé d'expliquer les raisons de cette aversion pour les partis politiques, qui n'a disparu en France qu'après la Révolution de février.

Certes, le gouvernement et, à sa suite, les ministériels, n'avaient pas épargné leurs efforts pour reprendre et faire adopter par les électeurs ce mot d'ordre, si cher à la Restauration, que l'existence des partis politiques suscite des troubles. Après les premières élections générales, le *Moniteur* pu-

----

(1) ANDRÉ MARION. *A Messieurs les électeurs de l'arrondissement de La Tour du Pin.* Faverges, 1839.

(2) M. DE PRASLIN. *A Messieurs les électeurs de l'arrondissement de Melun.* S. l., s. d. (1839?).

(3) LEROUX DUCHATELET. *A Messieurs les électeurs.* Arras, 1839.

bliait avec grande pompe un article de tête sur l'influence pernicieuse des partis. « La barrière est déplacée. Elle s'élevait autrefois, insurmontable, entre un pouvoir ennemi et une opposition nationale. Elle s'élève aujourd'hui entre les pouvoirs de l'Etat, sans distinction de majorité et de minorité, et les factions inconstitutionnelles qui, seules dans le pays, ne veulent pas de l'ordre existant (1). »

Le gouvernement n'a rien d'un parti. Il représente la nation dans sa totalité. « Ne vous y trompez pas, mes concitoyens, écrit un député (2), le Gouvernement n'est pas un parti auquel un homme d'honneur se rende, corps et âme. Le Gouvernement devient un parti quand, comme celui de la Restauration, il est hostile à la Nation, mais ici la Nation entière est avec lui ; c'est à elle qu'appartient le dévouement qui s'adresse au Gouvernement qui la représente. »

L'existence d'une opposition est légitime. Elle aussi — opposition franche, légale et unie — a le droit d'être considérée comme une institution indispensable. Mais cela veut dire que les groupes se manifestant dans le sein de cette opposition doivent disparaître. « En Gouvernement représenta-

---

(1) *Moniteur*, 1831, p. 1.208.
(2) ASTRUC, membre du conseil général. *Aux électeurs de l'arrondissement de Troyes*. Troyes, 1834 (?). Impr. de Saintou.

tif, la Chambre, à l'exemple du scrutin qui ne
reçoit que des boules blanches ou noires, ne présente que deux grandes divisions patriotiques dans
lesquelles viennent se fondre toutes les nuances,
soigneusement entretenues autrefois par un pouvoir dont l'isolement ne s'appuyait que sur nos
divisions. La Chambre de 1831 ne doit plus voir,
ne verra plus dans son sein qu'une majorité et
une opposition (1)

Des partis ne continuent à figurer, et cela dans
l'esprit d'un ministre qui avait appartenu à l'opposition constitutionnelle, que comme minorités séditieuses. Les ministériels s'empressaient de suivre
le mot d'ordre donné d'en haut.

Pour les candidats ministériels, le propre des
partis est d'attaquer, sans rime ni raison, tous
les ministres quels qu'ils soient. « Il semble — au
point de vue des partis — qu'une fatalité s'attache
à un homme, aussitôt qu'il parvient au ministère;
le plus honnête des hommes devient homme à pendre dès qu'il est ministre. » Il faut donc déraciner
cet esprit de lutte. « Messieurs les électeurs —
disait dans sa profession de foi M. Ricoud des
Brus, conseiller de préfecture (... bien entendu) —
le temps des luttes des partis, des haines politiques, me semble fini (2). »

____

(1) *Moniteur*, 1831, p. 1.208.
(2) A. RICOUD DES BRUS. *Messieurs les électeurs.*
Le Puy, 1842, chez Guillaume, p. 2.

Mais il est certain que d'autres motifs poussent certains à n'appartenir à aucun parti, car nous trouvons, en très grand nombre, les mêmes déclarations chez des candidats non suspects de briguer les faveurs d'un ministre. L'auteur de *Graziella*, après avoir obtenu les suffrages des électeurs de Dunkerque, n'avait-il pas déclaré qu'il s'assierait au plafond de la Chambre, « car je ne vois de place pour moi dans aucun groupe » ? D'autres, plus humbles, prenaient la même ligne de conduite : « Vous ne verrez jamais, de quelque manière et à quelque prix que ce soit, votre député attendre et recevoir ses inspirations d'un esprit de parti, s'attacher à la bannière d'aucune faction, ni voter sans nulle influence que celle de sa conscience et du patriotisme le plus pur, comme le plus inviolable (1). »

Cette façon d'envisager les partis tenait, selon nous, à deux raisons principales. Premièrement, l'individualisme indéracinable de la race n'avait pas encore cédé à la pression des nécessités politique. Deuxièmement, les partis n'avaient pas encore atteint le stade où ils s'imposent d'eux-mêmes à l'opinion publique.

Pour être digne de la députation, il faut, en premier lieu, avoir « des principes ». Or, les principes

____

(1) *Elections de la ville de Lorient du 5 juillet 1831. Remerciements de M. Villemain à ses concitoyens. S. l., s. d.*

ne s'empruntent pas; on les a, ou on ne les a pas;
c'est affaire de conscience. Pour avoir des principes et savoir les défendre, il importe avant tout
d'être un homme « probe ».

Cette question de probité individuelle du candidat se dresse à tout instant dans la polémique
électorale : Je suis un homme droit; j'aime ma patrie; j'appartiens à une famille d'honnêtes gens...
« S'agirait-il d'un concours pour quelque prix de
vertu? », protestait un électeur appartenant à
l'école opposée (1). Mais les individualistes conti-
nuaient de plus belle, et opposaient aux partis,
les individualités, au règne des « passions »,
l'intégrité personnelle. « Portons nos choix sur de
bons candidats. Considérons moins l'opinion du
parti auquel ils appartiennent que leurs qualités
personnelles, leur désintéressement, leurs vues
élevées, leur absence d'ambition, leur amour de la
paix et des libertés politiques (2). »

Dans certains tracts électoraux, le côté purement privé de la recommandation est poussé au
ridicule :

> C'est le cinq mars dernier que j'ai parlé pour
> la première fois de ma vie à M. le docteur

---

(1) Anonyme. *Aux électeurs de l'arrondissement
de Bergues*. 1832, chez Lallou.

(2) H. DE REGNON. *Aux électeurs de l'arrondissement électoral de Savenay*. Nantes, s. d. (1834?), chez
W. Russeuil.

Benech. Il m'a accueilli avec une grande cordialité. C'est ainsi qu'il agit à l'égard de tous ses compatriotes. J'eus le bonheur de lui plaire de prime abord. Il vit en moi, j'ose le dire, un homme franc et sincère, qui agit et qui parle sans détour; et comme il est très bon phrénologiste, c'est-à-dire partisan d'un système qui ne trompe presque jamais, il me dit mes défauts et mes qualités... Oui, Messieurs, je vous le jure sur l'honneur, je crois que vous aurez un excellent député si vous donnez vos suffrages à M. le docteur Benech. (CORNÈDE MIRAMONT, capitaine de la garde nationale de Cahors. *Supplique à Messieurs les électeurs de l'arrondissement de Cahors*. Paris, 1842, Imp. de P. Beaudouin.)

Quelle que soit votre opinion, quand un candidat se met en avant, demandez-vous d'abord : Est-il dans sa conduite privée un homme honorable ? Jouit-il d'une véritable considération ? A-t-il ce qu'on appelle de la consistance ou comme propriétaire, ou comme négociant ? Enfin, dites-vous, aimerais-je avoir ce candidat pour mon parent? Consentirais-je à en faire mon gendre? Oserais-je lui confier le dépôt de ma fortune? (C. D., *Des partis politiques*, s. l., s. d.)

Du portrait qu'Odilon Barrot donne de M. Dupin, on peut imaginer jusqu'à quel point les hommes de l'époque poussaient l'individualisme et répugnaient aux engagements :

Il y avait aussi une autre classe d'hommes qui tout en voulant sincèrement le gouvernement parlementaire, se refusaient à en admettre les premières coalitions. M. Dupin aîné, entre autres, était un assez fidèle type de ces hommes. Il a passé sa vie à rejeter tout engagement quelconque; il se vantait de n'être d'aucun parti; il maudissait les coalitions et en même temps il déblatérait contre les abus du gouvernement personnel; étrange contradiction qui accusait chez cet homme, d'ailleurs si spirituel et parfois même si sensé, une très grande inintelligence politique... M. Dupin cédait trop à ses habitudes de légiste : il comprenait les devoirs du député comme un avocat comprend les devoirs de sa profession, et cependant rien de plus dissemblable. (ODILON BARROT, *Mémoires*, p. 225.)

Nous avons dit d'autre part que les partis eux-mêmes n'avaient pas eu le temps de se développer pour pouvoir en imposer aux hésitants.

La notion de la discipline parlementaire faisait totalement défaut. « Chacun se promène en liberté, écrivait M. Doudan, dans sa gouttière, l'air capable et impertinent... Sauf la haine qui est changeante, il n'y a pas de cohésion entre quatre chats. » « Il faut le dire, notre opposition n'avait encore ni discipline, ni programme politique bien déterminé; elle se décidait presque toujours par l'impression irréfléchie du moment, bien plus que par le calcul et par le raisonnement. Combien de fois n'a-t-elle pas, plus tard, regretté cet avortement, que l'imprudence de l'un des siens et l'inexpérience de tous avaient amené (1) ! »

Le scepticisme général gagnait toutes les tra-

____

(1) ODILON BARROT. *Mémoires*, p. 257.

vées de la Chambre. « Tout le monde a pu le remarquer, les conversations politiques sont considérablement affaiblies. Après les brusques changements de ce demi-siècle, après les fluctuations parlementaires de ces douze années, le doute a envahi bien des esprits. L'indifférence a remplacé dans bien des cœurs les nobles passions qui les faisaient palpiter. On ne s'attache à rien, on ne croit à rien ; le scepticisme règne dans le domaine politique (1). »

Il est donc permis de supposer que c'est en toute sincérité que M. Renard Athanase, député de la Haute-Marne, lançait en 1839 sa philippique contre toute discipline de parti. Dans les partis, M. Athanase ne voit que les chefs ; il ne soupçonne pas encore la possibilité du travail organique de tous les membres d'un parti, de cette démocratie qui existe actuellement à l'intérieur des partis organisés. Son raisonnement est des plus simplistes.

Dès qu'un nouveau député arrive à la Chambre, on le somme de se mettre à la remorque d'un des chefs ; sinon, on l'accuse de ne pas être «parlementaire (2) ». On enlève aux députés toute velléité de

____

(1) H. FAURE. *A Messieurs les électeurs de Narbonne.* Paris (1842?), Impr. de Bourgogne, p. 5.

(2) R. ATHANASE. *De l'esprit de parti considéré dans ses rapports avec le mouvement de la dernière législature. A Messieurs les électeurs de l'arrondissement de Bourbonne.* Paris, chez P. Dupont (1839?).

raisonnement individuel; ils n'ont qu'à recevoir du chef « des opinions formulées d'avance, en guise de consigne ou de mot d'ordre ». On « réduit le député à l'état de mannequin politique, de simple machine à voter »; la besogne de chaque député « est faite d'avance, et il n'a plus vraiment à s'occuper de rien dès l'instant qu'il a résolu la question du choix à faire entre les bancs du ministère et ceux de l'opposition ». De plus, les résolutions prises par les partis sont dictées par les « intérêts » dont les partis sont porteurs et représentants, et non pas par les consciences individuelles « dégradées de tout alliage impur ». Dans ce sens, l'esprit de parti est « un ferment d'immoralité, un principe de souillure et de corruption ». « Nous sommes à une époque de bas empire » du gouvernement représentatif, et « s'il doit périr au milieu de nous, c'est à l'esprit de parti que la cause en doit être attribuée (1). » Les « principes » ne peuvent être sauvés que par la lutte sans merci contre « l'industrialisme parlementaire » :

> Il est en effet bien évident que tout, dans le siècle où nous vivons, dégénère en véritable commerce, en industrie proprement dite, sans en excepter la science, la littérature et la politique, et que toute industrie ne tarde pas elle-même à dégénérer en charlatanisme... L'industrialisme politique a fait de grands progrès de-

______

(1) *Op. cit.*, p. 3-18.

puis quelque temps. C'est un agiotage de nouvelle espèce établi sur la hausse ou sur la baisse des actions ministérielles. Il a ses agents de change et ses courtiers. (*Ibidem*, p. 17.)

Cette brochure n'est pas l'opinion d'un isolé; les écrits préconisant les mêmes idées abondent :

> Excluons de nos suffrages tout candidat qui est lié déjà par les engagements de parti; c'est un homme qui ne s'appartient plus. Vous vous prétendez indépendants, hommes de parti ; mais la chaîne que vous traînez est la plus dure des servitudes. Cette popularité à laquelle vous vous sacrifiez est bien autrement exigeante que toutes les puissances dont on brigue les faveurs. Vous en êtes réduits à flatter les hommes dont vous estimez le moins les doctrines, souvent même la conduite privée, à recevoir d'eux la consigne, à modeler en quelque sorte vos paroles sur les leurs, à mendier humblement leurs suffrages. Viendrez-vous ensuite nous demander les nôtres? C'est seulement un marchepied que vous avez cherché? Il y aurait trop de bonhomie de notre part à vous l'offrir... (ASTRUC. *Aux électeurs de l'arrondissement de Troyes.* Troyes (1834?), chez Sainton.)

> L'expérience des hommes et des choses est indispensable à tout citoyen; à plus forte raison un député ne saurait-il s'en passer. Qu'attendre de celui qui, par impéritie ou par paresse, n'a jamais compté avec lui-même... qui s'en est toujours rapporté aux lumières d'autrui, pour ne pas se donner la peine d'étudier et de réfléchir? Rien! (A. FILLASTRE. *Observations sur le choix d'un député.* Agen, s. d. (1839?), Imp. de Quillit.)

LE RÉGIME CENSITAIRE.

Le suffrage universel n'existait pas non plus.

Pour être électeur, il fallait payer 300 francs d'impôts directs (200 francs après 1830) ; à une époque où les impôts étaient très légers, ce chiffre éliminait un grand nombre de citoyens.

Voici quelques données statistiques pour montrer à quel point le « pays légal » ne correspondait pas à ce que nous appellerions aujourd'hui l'ensemble des citoyens.

En 1830, sur 29 millions d'habitants et 10 millions de contribuables, on comptait à peine 96.000 électeurs pour toute la France. Grâce aux malversations de l'administration (voir chapitre III), ce nombre va en diminuant : 88.000 en 1827. Les électeurs sont répartis de la façon la plus inégale entre les départements : la Seine en compte 8.828 (en 1819), la Loire 941 (en 1820) et 817 seulement en 1828 ; avec 316.000 habitants, en Corse, en 1827, il y avait en tout 38 électeurs (dont 7 fonctionnaires amovibles).

Les « éligibles » (1.000 francs d'impôts ; 500 francs après 1830) étaient évidemment encore moins nombreux. En 1820, on en comptait 18.564 pour toute la France. Un grand département comme la Loire en avait 139. La répartition des éligibles, par département, était des plus inégales. Le département des Hautes-Alpes, qui avait deux députés à élire, n'avait en tout que quatre éligibles (1). D'après les statistiques du préfet de la Corse (23 décembre 1816), il n'y avait dans toute l'île que deux éligibles : Feridisiani et Sebastiani, et 7 électeurs : Peraldi, Rigo, Murati, Pinelli, Pugliesi, Peretti, Ramolino. Pour parer à des situations aussi paradoxales que celle-ci, la Charte (art. 39) indiquait que dans les départements où il n'y avait pas cinquante personnes payant plus de mille francs de contributions directes, la liste des éligibles devait être complétée par les noms des plus imposés, jusqu'à ce que le nombre des éligibles soit égal à cinquante. Mais cette disposition avait produit un effet plus étrange encore. Dans les départements, comme la Corse, où le nombre des *électeurs* était inférieur à cinquante, la liste des électeurs devenait, de cette façon, moins longue que celle des éligibles. « Ainsi, l'on a eu, en Corse, trente électeurs, et cinquante éligibles, reconnus tels par la Charte, ont été déclarés sans capacité pour voter ; ainsi, parmi ces éligibles, deux auraient pu venir siéger dans cette Chambre à qui l'on a refusé l'entrée d'un simple collège électoral (2) ? »

Le régime censitaire expiait lourdement son péché originel. La population se désintéressait presque totalement des élections qui étaient l'af-

---

(1) *Moniteur*, 1828, p. 158.
(2) M. JARE. *Moniteur*, 1828, p. 228.

faire des riches. Quand le préfet des Hautes-Alpes écrivait au préfet de la police générale que « les mesures relatives aux nouvelles élections n'ont produit presque aucune sensation dans la classe agraire qui est la plus nombreuse du département (1) », il exprimait, sans s'en douter, une vérité terrible et applicable à toute l'étendue du pays. Le préfet de la Côte-d'Or, qui constatait presque à la même date qu'en général, le peuple et surtout celui des campagnes, ne s'occupait guère des collèges, se trompait lourdement sur les vraies causes de cette indifférence. Fonctionnaire borné, il voulait voir son mérite personnel là où il y avait un vice inhérent à l'ensemble du régime : « Si le peuple n'a pas pris autant de part qu'on pouvait le croire aux élections d'après la joie qu'il avait manifestée généralement lors de la nouvelle de l'ordonnance du 5 septembre (dissolution de la Chambre introuvable), on le doit principalement aux mesures que j'avais prises afin d'éviter le contact d'une masse qu'il est toujours dangereux de laisser raisonner et qui peut, même en voulant le bien, se porter à des excès qu'il est souvent difficile, pour ne pas dire impossible, de réprimer. »

Les modifications apportées au montant du cens par la Charte de 1830 augmentent le nombre

____

(1) Rapport du 23 septembre 1816. Archives Nationales, F. 7, 4.348.

des électeurs, mais ne sont pas suffisantes pour modifier le caractère général des élections.

En 1831, les listes électorales comprenaient 168.000 électeurs inscrits. Onze ans après, grâce à l'augmentation des impôts et à l'enrichissement graduel de la population, ce nombre est monté à 224.000 (1) ; en 1847, il était d'environ 241.000.

Cette augmentation du nombre des électeurs inscrits entraînait un inconvénient qui ne se faisait pas sentir sous la Restauration. Plus les listes grossissaient et plus devenait apparente la disproportion entre les départements riches et les départements pauvres. Le nombre des députés à élire restant le même, les collèges stationnaires devenaient de plus en plus privilégiés vis-à-vis des collèges à progression rapide. La proportion entre la population et le nombre des députés à élire devenait de plus en plus faussée. Voici quelques chiffres.

Bourganeuf nommait un député, n'ayant que 151 électeurs inscrits ; en même temps, le 2ᵉ arrondissement de Paris était représenté par un unique député aussi, tout en ayant 2.873 électeurs. Dans le Cantal, Saint-Flour, avec 304 électeurs, 62.000 habitants, élisait un seul député, tout comme Aurillac avec trois fois plus de population et d'électeurs. Si on prend, d'un côté, les départe-

____

(1) Ministre de l'intérieur. *Moniteur*, p. 307.

ments riches, et de l'autre, les départements pauvres, on peut établir pour l'année 1846 le tableau suivant :

Nombre de départements	Electeurs inscrits	Députés à élire
28	121.824	181
58	98.196	278

Ce qui équivaut à dire qué les départements riches élisaient un député par 673 électeurs, et les départements pauvres un député par 317 électeurs inscrits. Pour un régime qui se fondait sur la propriété, la contradiction était flagrante.

Malgré la loi « libérale » de 1831, c'était donc la continuation pure et simple du régime censitaire, dressé comme une barrière infranchissable contre le sentiment général de la population : on pouvait devenir pair de France sans avoir à payer le moindre impôt direct ; mais, pour entrer dans un collège électoral, il fallait au préalable établir son bilan.

Autre observation importante. Par le jeu des impôts, le potentiel électoral de la propriété foncière était infiniment plus grand que celui de la propriété mobilière : en 1847, il n'y avait à la Chambre que dix-sept commerçants. La contradiction grandissait donc entre la loi électorale et le rythme économique qui poussait en avant l'industrie et les échanges. Cette disproportion était augmentée par les effets des hypothèques qui n'étaient pas prises en considération par la loi : on pouvait donc être à la veille d'une liquidation forcée, mais continuer à figurer sur les listes électorales comme un propriétaire payant la somme nécessaire des impôts.

Tout se réduisait, en fin de compte, à un régime dont l'aristocratie foncière était la base, à l'exclusion presque totale de toutes les autres classes, même possédantes. .

L'étude qui va suivre peut être considérée comme un essai de psychologie d'un mode de suffrage extrêmement restreint.

LES LIBERTÉS POLITIQUES.

Les libertés politiques n'étaient qu'à peine sauvegardées par les lois. Cette circonstance était aussi faite pour diminuer l'intérêt que la population pouvait porter aux élections. Si on n'a pas le droit de parler, d'écrire et de se rassembler librement, les mœurs politiques se déforment et subissent un retard inévitable dans leur développement.

Sous la Restauration, même la liberté individuelle n'était pas garantie aux électeurs et aux candidats.

La liberté individuelle avait été promise par la Charte. « La liberté individuelle des Français, annonçait l'article 4, est garantie, personne ne pou-

vant être poursuivi ni arrêté que dans les cas pré-
vus par la loi et dans les formes qu'elle prescrit. »
Mais cette déclaration solennelle de la Charte fut
vite réduite à néant par les « lois ».

D'après la loi du 29-31 octobre 1815, « tout indi-
vidu, quelle que soit sa profession civile, militaire
ou autre, qui aura été arrêté comme prévenu de
crimes ou de délits contre la personne et l'autorité
du Roi, contre les personnes de la famille royale,
ou contre la sûreté de l'Etat, pourra être détenu
jusqu'à l'expiration de cette loi, si ,avant cette époque il n'a été traduit devant les tribunaux ». Il
suffisait donc qu'un fonctionnaire accusât la personne en question de crime ou de délit (?) contre la
sûreté de l'Etat — notion tout à fait vague — pour
que cette personne pût être détenue sans limita-
tion de durée. Une autre loi devait donner la liste
des fonctionnaires auxquels ce droit exorbitant
était dévolu ; cette loi n'a été publiée, à notre connaissance, que plus tard. Donc, à cette époque, le
moindre agent du ministère de l'intérieur pouvait
obtenir la détention illimitée de tout citoyen
français.

La monarchie de Juillet établit, en ce qui concerne la liberté individuelle, un régime qui peut
être considéré comme plus conforme aux idées
modernes.

La liberté de la presse était inconnue sous la
Restauration. Il n'est pas nécessaire d'énumérer
toutes les lois qui se succédèrent depuis celle du

21 octobre 1814 (portant le titre de « loi relative à la liberté de la presse », elle instituait la censure préventive pour tout écrit de moins de vingt feuilles d'impression) et jusqu'à celle du 24 juin 1824. Il nous suffira d'indiquer que la censure préventive avait été réintroduite à quatre reprises différentes.

Et avec quelle rigueur les lois étaient appliquées! Les rédacteurs de la « Bibliothèque historique » ont été condamnés à six mois de prison pour avoir *déposé* à la censure des articles dont ils arrêtèrent ensuite la publication sur l'avis des censeurs. « Attendu, disait le jugement, que le dépôt équivaut à la publication et que l'ouvrage, examiné dans son ensemble et dans toutes ses parties, est répréhensible... et dénote une malveillance constante et réfléchie et des intentions contraires au bien public... (1) »

Plus spécialement pour les tracts électoraux, la surveillance était exercée par l'entremise des éditeurs, auxquels on retirait leurs « brevets » s'ils osaient imprimer des brochures désagréables pour le ministère (2).

Quand ce moyen d'action ne suffisait pas, les préfets faisaient marcher le parquet. On peut

---

(1) CHARLÉTY. *Histoire*, vol. IV, p. 125.
(2) COMTE DE FRANCLIEU. *Lettre à Messieurs les électeurs des arrondissements réunis de Senlis et de Clermont. Senlis, 1827.*

juger dans quelle situation difficile devaient se trouver tous les candidats de l'opposition désireux de faire connaître leurs opinions politiques, quand on parcourt la lettre suivante adressée par le préfet de l'Aveyron à M. le comte Bergen, président du collège électoral, le 4 octobre 1816 :

Je suis prévenu que plusieurs opuscules tendant à influencer la liberté des suffrages et à donner à l'opinion une fausse direction, circulent dans le public, et notamment parmi Messieurs les électeurs. Tout ouvrage dont le but est de mettre en doute les intentions formelles de Sa Majesté et d'altérer le respect dû à son autorité, est justement passible des articles de la loi du 9 novembre 1815. En conséquence, j'ai l'honneur de vous prévenir que je viens de requérir M. le procureur du Roi de rechercher rigoureusement les auteurs et les distributeurs de ces brochures pour qu'ils soient incontinent traduits devant les tribunaux... Les votes des électeurs aveyronnais doivent être libres et indépendants comme leur caractère... Les vœux du Roi appellent des hommes à la fois dévoués et modérés, qui l'aiment avec passion (c'est ainsi qu'un Français aime son Roi). (Archives Nationales, Fic. LIII, Aveyron, 4.)

Du reste, Bonald contestait en principe la nécessité d'autoriser la publication des journaux politiques : « Dans un Gouvernement où sept à huit cents propriétaires pris dans les rangs les plus honorables de la société viennent tous les ans, de tous les points du royaume, se réunir sous les yeux de l'autorité, exposer tous les besoins, faire entendre toutes les réclamations... quel besoin ont-ils de journaux politiques pour voir, entendre ou parler?... »

Bonald était un exalté, nous dira-t-on. Mais il avait fait école. Des dizaines de brochures reprennent les mots d'ordre lancés par lui. Tel M. Gay qui voulait remplacer les journaux par des « papiers publics » édités par le ministère de l'intérieur :

> Traité des papiers publics. Dans lequel on montre que la Charte n'autorise pas les journaux; que la publicité inhérente au Gouvernement représentatif ne doit s'entendre que de ses actes; que le système des journaux tue le commerce de la librairie, et que c'est précisément parce que la liberté des journaux existe que la liberté de la presse n'existe pas; qu'un seul papier suffit au public et que les journaux fournissent un aliment continuel aux passions; la suppression au moins temporaire de tout journal autre qu'un journal officiel, calmerait les passions. (Paris, chez Ponthieu, 1821.)

Et cette *proposition* anonyme (chez Migueret, Paris, 1827) qui tendait « à réserver au Gouvernement, par mesure constante et générale, le quart de chaque journal quotidien ou semi-périodique »; car il faut que le Gouvernement fasse « lire des choses raisonnables aux lecteurs qui n'aiment que le langage des passions ».

Enfin, une brochure anonyme intitulée : *Des*

crimes de la presse considérés comme générateurs de tous les autres crimes, et ayant pour épigraphe les paroles de Joad : « ... Cet esprit d'imprudence et d'erreur, de la chute des rois funeste avant-coureur ».

La monarchie de Juillet inaugura un autre système de lutte contre la presse libre. La Charte de 1830 interdisait la réintroduction de la censure. On imagina des lois féroces qui obligèrent les journalistes à devenir leurs propres censeurs.

C'est en 1835 que la réaction, se ressaisissant, fit promulguer une loi (du 9 septembre) qui pesa sur le journalisme peut-être plus encore que toutes les censures de la Restauration. Cette loi élevait au rang d'attentat contre la sûreté de l'État (c'est-à-dire pouvant être déféré à une justice extraordinaire, la Chambre des pairs notamment) : toute provocation, même si elle n'avait pas été suivie d'effet ; toute offense au Roi, ayant pour but d'exciter à la haine ou au mépris de sa personne; toute attaque contre le principe et la forme de gouvernement établie par la Charte de 1830. L'article 7 interdisait de « prendre la qualification de républicain » et d'exprimer le « vœu, l'espoir ou la menace de la destruction de l'ordre monarchique constitutionnel ». Enfin, l'article 8 s'occupait des attaques contre la propriété et des provocations à la haine entre les classes.

Cette loi détruisait toute possibilité de propagande républicaine. La *Tribune* dut se résigner à l'inévitable. Elle avait recueilli en tout, dans les 111 procès qui lui avaient été intentés, quarante-neuf ans de prison et plus de 150.000 francs d'amende.

Enfin, la liberté de réunion était régie par l'article 291 du Code pénal qui confondait les associations permanentes avec les réunions publiques et qui les soumettait toutes à l'autorisation, du Gouvernement, sauf si elles comptaient moins de vingt personnes (ce qui était insuffisant tant pour les meetings que pour les partis).

Le droit de réunion se trouvait, de plus, sous le coup des lois du 9 novembre 1815 sur la suppres-sion des cris et des discours séditieux, du 17 mai 1819 sur les crimes et délits commis par la presse ou tout autre moyen de publication (« y compris les cris, discours et menaces proférés dans les réunions publiques »), et du 25 mars 1822 qui interdisait d'outrager les membres des deux Chambres et tous les fonctionnaires publics, sans spécifier en quoi ces outrages pouvaient consister : la moindre critique des ministres ou des députés sortants pouvait donc donner lieu à des emprisonnements et à des amendes formidables.

Le Gouvernement de la Restauration était armé pour mettre fin, s'il le désirait, à toute campagne électorale, même la plus inoffensive. *Le Journal des Débats* n'avait-il pas réclamé que la peine de mort fût appliquée à tous ceux qui auraient demandé la « ruine de l'ordre établi » ?

CHAPITRE PREMIER

L'ACTION DU GOUVERNEMENT

Le régime censitaire ignorait totalement ce principe si cher à notre époque que, pendant les élections, le Gouvernement doit rester neutre. Toutes les élections qui se sont déroulées jusqu'en 1874 ont vu l'intervention directe de l'administration dans la lutte des « partis », dont le principal et le plus actif était celui du ministère, de ses agents et des candidats ministériels.

Cette intervention du pouvoir dans les élections était ouvertement avouée.

Le 26 février 1828, le ministre de l'intérieur, attaqué par Casimir Périer, déclarait du haut de la tribune que « le Gouvernement doit conserver sur les élections une action puissante ». L'opposition ne se prépare-t-elle pas à renverser le Gouvernement? Serait-il admissible que les institutions existantes la laissassent faire sans « opposer à cette invasion une influence éminemment conservatrice »? Cette action ne sera ni secrète, ni obscure : « Nos institutions admettent cette espèce de lutte franche, ouverte et déclarée. »

Après la révolution de 1830, Guizot préconisa des principes diamétralement opposés, en annonçant que le Gouvernement national se fiait à la France du choix de ses députés (Circulaire du 29 septembre 1830) et que le ministère ne « rendrait plus, dorénavant, les agents de l'administration responsables des votes que recèlerait l'urne électorale ». « Monsieur le préfet — ajoutait-il, naïf pour une fois — quelque importance que le Gouvernement attache au résultat des élections, n'oubliez pas qu'il l'attend avec trop de sécurité pour prétendre, même indirectement, à le dominer. »

Cette lune de miel ne dura pas plus longtemps que les ivresses du mouvement révolutionnaire. Dès le 3 mai 1831, Casimir Périer — qui n'était plus dans les rangs de l'opposition — fait savoir à ses préfets que la circulaire de Guizot ne devait pas être interprétée dans le sens de l' « indifférence pour toutes les opinions ». Une distance « infinie » sépare l'impartialité administrative de l'inertie coupable. « Le Gouvernement désire que les collèges électoraux élisent des citoyens qui partagent ses opinions et ses intentions ; il n'en fait pas de mystère, et vous (le préfet), vous devez, ainsi que lui, le déclarer hautement. »

Ce fut donc presque sans provoquer de protestations que Thiers venait, en 1834, à la Chambre, annoncer que « demander aux préfets et aux sous-préfets de ne pas se mêler des élections était leur demander de ne pas se mêler de leur devoir ».

En réclamant, pour le Gouvernement, la nécessité d'une campagne électorale fortement conduite, les ministres se sentaient soutenus de divers côtés.

Les jurisconsultes du ministère considéraient comme significatif le fait que les lois françaises ne contenaient aucune disposition « interdisant l'influence du Gouvernement sur les élections (1) ». La situation, en France, serait tout à fait autre que dans les pays anglo-saxons. La Charte n'est pas due à une révolution, c'est le monarque seul qui l'a concédée, la nation n'y a concouru que par son acceptation. Donc, en France, la Couronne et le ministère ont des droits beaucoup plus étendus qu'en Angleterre et aux Etats-Unis. Ces droits leur sont propres ; pour que le peuple, pendant les

____

(1) *Archives Nationales*, F 7, 4.351. *Quelques observations sur le système général des élections dans un Gouvernement représentatif adapté à la situation actuelle de la France.*

élections, ne cherchât pas à les envahir, il est nécessaire « que les serviteurs de la Couronne s'assurent une grande influence sur les assemblées législatives ».

Après les journées de Juillet, la même théorie est reprise, sous une forme un peu modifiée. En Angleterre, explique M. Pascali (1), le ministère n'a pas de drapeau à tenir; il n'a personne à rallier autour de lui; car le ministère ne peut être que *tory* ou *whig*, et les organisations de ces deux partis historiques sont suffisantes pour défendre devant le corps électoral les idées dont le ministère n'a été que le porte-parole officiel. Toute autre est la situation en France. Les partis sont éparpillés; leur action reste dissolvante; aucun gouvernement ne résisterait à leurs attaques s'il ne se faisait pas représenter, devant les électeurs, par des agents chargés d' « expliquer ses idées »; ces agents, auprès des départements, ne peuvent être autres que les préfets, et auprès des arrondissements, que les sous-préfets.

Les préfets abondaient dans le même sens. Celui de l'Ardèche faisait au directeur général du département de police une sorte de déclaration de principe, où il ne craignait pas d'évoquer l'ombre de l'Empereur :

« On sent vivement le besoin que l'autorité s'in-

---

(1) *Moniteur*, 1843, p. 1.008.

terpose entre les partis et fasse sentir son influence... On va même jusqu'à regretter la main de fer que Buonaparte faisait peser sur la France. Il opprimait, dit-on, mais du moins on pouvait compter sur son avenir et l'on n'était point en butte aux criailleries et aux menaces des factions (1) »

« Qu'on nous attaque, écrivait, sous la monarchie de Juillet, le préfet de la Sarthe au ministre de l'intérieur (2), l'administration saura se défendre; elle aura le courage de protester contre ce rôle passif qu'on voudrait lui imposer; la condamner au mutisme est une absurdité. »

Un autre préfet explique les raisons qui l'obligent à se mettre en lice. Entre les deux camps extrêmes, royalistes-exagérés et libéraux, il existe une opinion intermédiaire, représentée par un grand nombre d'électeurs, « ennemis de tout ce qui pourrait amener des troubles, ralliés sans arrière-pensée à la Charte et sentant que ce n'est pas être bon Français que de contrarier sans cesse les ministres du Roi ». Or, ces électeurs précieux de l'opinion intermédiaire sont pleins d'inertie. Pour la plupart, « ce sont des hommes âgés, infirmes, peu riches, s'occupant surtout de leurs affaires »; peu disposés à faire vingt lieues de poste pour aller voter. Pour contrebalancer l'influence de

______

(1) Archives Nationales, 10 juin 1820, F7, 6.740.
(2) Archives Nationales, Sarthe, Fic. III, 24 juin 1834.

ceux « qui ont adopté la couleur d'un parti et qui ne manquent pas de se rendre aux assemblées électorales », le Gouvernement doit stimuler l'énergie de la classe intermédiaire, doit pousser aux urnes « tout ce qu'il y a de sage et de bien intentionné (1) ».

Enfin, les bénéficiaires de l'ingérence administrative, les députés ministériels, demandaient à grands cris d'être soutenus par les agents du pouvoir. Dans une brochure fort curieuse, M. Vautier (2) explique que les électeurs, mobiles et impressionnables, « ont besoin d'être dirigés et surveillés ». « A l'exemple d'un père de famille, il (le Gouvernement) répond des écarts de chacun de ses membres ; il doit faire tout ce qui dépend de lui pour mettre obstacle à l'erreur dans laquelle ils pourraient tomber, même de bonne foi. » Ce droit d'intervention et de surveillance peut être d'autant moins refusé au Gouvernement que, dans le cas contraire, « l'opposition seule aurait toute chance dans les élections ».

En somme, la confusion des idées était telle, dans les milieux officiels, qu'un ministre n'avait pas hésité à réclamer l'ingérence administrative... au nom de la liberté de conscience des électeurs. Tel est le sens de la circulaire de Casimir Périer :

____

(1) Archives Nationales, F. 7, 4.348 (1820).

(2) *Deux mots sur le système électoral.* Paris, 1837, chez Lebègue.

« Plus il importe à tous les intérêts que les élections soient une affaire de conscience, plus il convient que les consciences soient éclairées; et si elles sont à l'abri des injonctions du pouvoir, elles doivent être préservées également des déceptions des partis qui se disputeraient le triste avantage de les égarer par de fausses alarmes, de les inquiéter par des bruits trompeurs, de les intimider par de vaines menaces. »

LA TACTIQUE.

Les moyens employés par l'administration pour assurer l'influence du Gouvernement sur les électeurs furent très simples dans les premières années de la Restauration; ensuite ils évoluèrent au fur et à mesure que grandit l'expérience des préfets et du ministère.

Au début, on alla au plus pressé : on chercha à s'attirer la bienveillance des électeurs pendant les dix ou douze jours que duraient les séances du collège électoral. Un rapport assez détaillé, aux dossiers des Archives Nationales (F7, 4.348, 1820), explique que les électeurs se divisent en quatre classes bien distinctes; à chacune de ces classes doit correspondre une tactique différente. D'abord, en haut, les nobles. Inutile de s'en occuper : la noblesse « ne nous dira pas ses secrets ». Ensuite, tout en bas, les petits marchands, petits propriétaires, aubergistes et vignerons. Leur importance croît à chaque nouvelle élection. Il serait coupable de les négliger. « Quelques marques de bienveillance de la part d'un pair de France, d'un gros propriétaire, d'un préfet ; un dîner chez un sous-préfet, un juge de paix ; mille autres petits moyens qui agissent puissamment sur l'amour-propre et suffisent pour s'attacher à jamais ces hommes vraiment importants. » Pendant la période des élections, les électeurs de la quatrième classe peuvent prétendre à dîner chez le préfet ou chez le président du collège électoral (1).

L'auteur ajoute des considérations empreintes du plus profond machiavélisme, sur la façon de distribuer les invitations à ces dîners. « Pendant la tenue du collège électoral, les préfets et les présidents ne doivent jamais inviter à dîner les électeurs dont on est sûr... Mais si, par hasard, il se trouvait (dans la quatrième classe) des électeurs

---

(1) Il y avait des crédits pour les dîners offerts aux électeurs par les préfets et les sous-préfets. Voir lettre confidentielle du préfet de l'Ariège au ministre de l'intérieur du 24 janvier 1824 (Archives Nationales, Ariège, 5).

« Je vous demanderais l'autorisation de donner une indemnité au sous-préfet pour avoir chez lui vingt couverts tous les jours. Cette dépense me semble indispensable, parce que M. de Saintenac, le seul des présidents qui représentera, n'a qu'un salon de vingt-deux à vingt-quatre couverts. »

influents et dangereux, c'est ceux-ci qu'il faudrait inviter tous les jours, pour diminuer leur influence en inspirant de la méfiance à des paysans. » Apprendrait-on qu'un électeur de la quatrième classe se rend à Paris? « Si cette occasion se présente, il faudrait se garder de laisser échapper cet électeur; il ne pourrait être question, dans ce cas, d'inviter à dîner; mais un *bonjour* dit avec obligeance vaudrait cinquante voix. » Remarquons qu'un autre rapporteur se montre, au sujet des invitations à dîner, encore plus libéral.

« Au moment critique des dernières élections, indique-t-il, c'est aux électeurs ruraux que le ministère a eu l'obligation de voir écarter les hommes qu'il ne désirait pas; cette classe respectable d'électeurs doit être soigneusement ménagée et flattée, même par des invitations chez les ministres, à l'époque des élections. » Il est vrai que les ministres en éprouveraient « parfois de l'ennui »; mais « ils y sont fort exercés (1) ». Du reste, « un

____

(1) Les dîners ministériels, comme moyen embryonnaire de corruption parlementaire, étaient fort en usage sous la Restauration. M. P. Bérard, *Souvenirs parlementaires*, p. 136, en donne un tableau qui confirme les accusations avancées par l'opposition (les « ventrus » étaient un des sujets de prédilection des caricaturistes de cette époque) :

« J'avais un jour, à mon tour et suivant l'ordre de ma lettre alphabétique, été invité à dîner chez ce ministre (Chateaubriand), que je trou-

électeur qui dispose de vingt voix serait moins déplacé à la table d'un ministre que tel pair qui cabale contre le Gouvernement et qu'il faut pourtant inviter ».

D'ailleurs, il arrive un moment critique où on ne peut plus agir qu'en se montrant ferme ; la quatrième classe est particulièrement sensible à la poigne. « Les hôtels garnis, les logeurs, les loueurs de carrosses et de cabriolets, les cafés, les marchands de vin, les maisons publiques dépendent toutes de la police. En s'y prenant adroitement d'avance, on s'assurerait d'une majorité automate qui porterait machinalement le bulletin qui lui serait donné. »

Trop de zèle, cependant, nuirait. « Il est utile de prévenir les commissaires de police de mettre plus de réserve dans leurs démarches et en recommandant les candidats portés par le Gouvernement, de ne pas le faire comme ordre, mais par insinuations. »

La deuxième classe est celle des propriétaires riches, mais n'appartenant pas aux coteries des

---

vai, en entrant dans son salon, accoté au chambranle de la porte, et saluant d'un geste mécanique et uniforme la personne dont le nom venait d'être annoncé. Je gémissais intérieurement de voir un génie si illustre, un écrivain si distingué, un homme si célèbre, forcé par sa position de remplir un rôle d'automate. »

nobles. Avec cette catégorie d'électeurs, on ne s'en tirera pas avec quelques asperges bien servies : il leur faut des services plus substantiels. Tant qu'ils restent chez eux, « ... il peut être nécessaire de promettre de donner des places à quelques électeurs influents... C'est au préfet à connaître les électeurs, à leur marquer, dans le courant de l'année, quelques égards, à leur dire qu'il ne laisse pas ignorer leur excellent esprit au ministère, qui en rend compte au Roi ».

S'ils se rendent à Paris, le préfet leur fournira une lettre de recommandation soignée. Des personnes « discrètes » abrégeront le séjour des requérants à Paris, en faisant expédier avec promptitude l'affaire qui les intéresse. Ils seront aussi « ... autorisés à présenter au ministre, de temps en temps, un électeur influent qui aurait une réclamation à faire; un accueil gracieux, un dîner offert ou seulement proposé, *ce qui suffirait souvent si le compère est adroit,* une recommandation même promise... » et le ministère est assuré du succès le plus complet dans le collège électoral.

Enfin, restent les fonctionnaires proprement dits, qui forment la troisième classe. « Ce n'est pas par des circulaires » qu'on peut obtenir les résultats désirés : « la tribune de la Chambre retentirait bientôt de phrases plus ou moins pompeuses ». On commencera par des mesures de sévérité. « Les inspecteurs du Trésor royal, des ponts et chaussées, de l'enregistrement, des droits réunis — insinue l'auteur — ont sans doute éprouvé déjà quelques épurations. » Cela préparera les autres à se montrer ouverts à une propagande qui devra être faite par les agents les plus haut — respectivement — placés : « En cette partie comme en tant d'autres, tout est relatif ». Ainsi « ... un jeune vérificateur de l'enregistrement qu'un receveur de canton invite à dîner a formé l'opinion du notaire, du juge de paix, du chirurgien, de l'huissier, peut-être du desservant, qu'on lui a donnés comme convives ».

Mais on se rendit bientôt compte que les manœuvres de dernière heure ne suffisaient pas : on fut donc forcé d'avoir recours à des travaux préparatoires de longue haleine. Dès 1817, on commence à étudier le corps électoral. Le préfet de l'Orne enjoignait à ses subordonnés de s'attacher « à connaître la division des partis, à distinguer les subdivisions et à calculer l'influence de chacune (1) ». Il demandait des « notes morales courtes et précises » sur chacun des électeurs.

Les bureaux de Paris voulurent centraliser ces renseignements. Avec le suffrage universel, une telle entreprise serait au-dessus des forces humaines. Mais à une époque où le nombre total des électeurs ne dépassait pas 80.000, un directeur du bureau des élections, plein d'ardeur adminis-

-----

(1) Archives Nationales, Fic. III, Orne, 30 mars 1817.

trative et disposant d'un nombre suffisant de scribes dociles, pouvait penser qu'il lui suffirait d'un peu de zèle et d'initiative pour pouvoir préparer un classement complet de tous les votants, avec le signalement politique de chacun d'eux. Une tentative de ce genre a été faite en 1819. Tous les dossiers qui formaient ce répertoire gigantesque n'ont pas été versés aux Archives, mais une partie figure dans les cartons, sous la cote F7, 4.351 B. Voici, par exemple, comment se présente le travail fait pour le département de la Côte-d'Or. Il se divise en huit parties : observations générales, députés, fonctionnaires de l'orare administratif, fonctionnaires de l'ordre judiciaire, autorités militaires, agents de contributions, clergé, « personnages marquants ». Le dernier de ces volumes, soigneusement relié avec des rubans de soie bleue, compte quatre-vingt-dix gros folios. Chaque personne portée sur ces registres est pourvue d'une case d'environ trente centimètres. Certaines de ces cases sont pleines d'observations plus ou moins précises ; d'autres sont encore vierges. (Les mêmes volumes, préparés pour le Finistère et le Gard, ne contiennent que du papier blanc.) Les notes sont faites sans aucun système; les écritures des notes sont différentes : visiblement, on les transcrivait au fur et à mesure de l'arrivée au ministère des renseignements demandés.

Pour donner une idée de ce que pouvaient être

ces fiches électorales, nous n'en reproduisons qu'une seule, au hasard (Moselle, 1819) :

> M. Menessier est connu par son·exaltation et ses principes d'opposition au système du Gouvernement du Roi; on peut le considérer comme chef de la coterie; son·épouse tient bureau de bel esprit; les frondeurs les plus prononcés se réunissent chez elle.

Un archiviste de province cite dans sa brochure (1) les notes manuscrites d'un sous-préfet, qui ne manquaient pas de précision. Par exemple : M. X... est marqué comme « très bon » parce qu'étant abonné au *Constitutionnel,* « il n'a pas voulu recevoir ce journal, quoique son abonnement ne dut expirer que dans huit mois ».

Un essai analogue fut tenté en 1833. Tous les préfets furent invités à fournir une liste complète des électeurs avec subdivisions en trois groupes et six sous-groupes : constitutionnels (adhérents au système actuel — tendant à l'opposition), opposition de gauche (deux sous-groupes aussi : démocrates modérés et démocrates prononcés), opposition de droite (légitimistes modérés et légitimistes prononcés).

Cette liste devait se terminer par des prévisions sur le nombre d'électeurs de chaque catégorie qui

____

(1) F. SAUVE. *Les dessous d'une élection législative en province en 1824.* Paris, 1904.

s'abstiendraient de voter. Ces pronostics constituaient parfois des chefs-d'œuvre d'exactitude. Il n'était également pas interdit aux préfets de se départir de la classification officielle, si cela leur paraissait nécessaire pour mieux éclairer la religion du ministre. Le préfet des Basses-Pyrénées créa des rubriques pleines de fantaisie : « constitutionnels de conscience ! constitutionnels de sagesse et d'honneur ; élus du mouvement, mais sans hostilité probable et, certainement, sans hostilité efficace ; élus du carlisme, mais de couleur insignifiante », et ainsi de suite (1). Les notes individuelles deviennent aussi de plus en plus complètes : « Tout récemment magistrat par nécessité plus que par inclination, il trépignera d'impatience sur son siège ; ne fera pas de rapport ou bien en présentera d'une incohérence presque bouffonne. Mais hâtons-nous de dire que sa raison ne fut jamais bien sûre. » (Orne, Notes confidentielles, 1893.)

LE PERSONNEL.

C'est naturellement le préfet qui avait la haute direction de la campagne électorale dans le département. « Le principe fondamental est que les préfets marchent toujours dans la ligne du Gouver-

______

(1) Archives Nationales, Basses-Pyrénées, 27 novembre 1833.

nement; s'ils en sortent, il y aurait absence de principe et de hiérarchie politique. » Du reste, dans tous les documents, si nombreux, des Archives, on ne pourrait trouver une lettre où l'idée fût venue à un préfet de protester contre le rôle d'agent électoral dont Paris l'affublait. Les plus intelligents se permettaient, modestement, d'appeler l'attention de leur chef sur ce fait que l'influence du préfet, pour être effective et « puissante », devrait reposer sur des bases préparées d'avance par la politique du ministre. Les élections, écrivait en 1830 l'un d'eux (1), ne sont-elles pas le pivot de toutes les affaires de l'Etat? Or, « elles n'occupent le Gouvernement qu'au moment où elles doivent avoir lieu ». Erreur grossière : « Les affaires administratives, les nominations, les promotions, les grâces, devraient, toutes, être dirigées vers ce but essentiel, sauf, ajoute-t-il pour se couvrir, lorsqu'elles sont déterminées par le principe impérieux de justice. » Et pour préciser sa pensée, il cite un exemple qu'il considère comme frappant : sans avoir consulté le préfet, certains jeunes contrôleurs des contributions directes « ont procédé, à Grenoble, à des perquisitions sur les suppléments de patentes à imposer; il en est résulté un accroissement considérable de votants (de douze à quinze nouveaux électeurs,

---

(1) Préfet de l'Isère, 24 juillet 1830, Archives Nationales.

dans le petit collège), et le député royaliste ne pourra plus être élu; on doit s'affliger de cette imprévoyance qui a sacrifié à un intérêt purement financier le premier de nos intérêts ». Ce préfet avait certainement le courage de ses opinions. « Chaque année, dit-il, on distribue dans ce département un grand nombre de bourses et de demi-bourses; **on nomme** à une multitude d'emplois dans les contributions directes et indirectes, les douanes, les postes, l'enregistrement, etc.; jamais les préfets ne sont consultés sur ces nominations. » Qu'est-ce qui en résulte? — « La reconnaissance qu'elles inspirent va se perdre dans la personne d'un haut fonctionnaire, absolument étranger aux intérêts électoraux du département de l'Isère. » Le bon vouloir n'a pas manqué à l'administration centrale : on a permis aux préfets de nommer les administrateurs d'hospices ; mais « cette mesure va contre le but qu'on se propose »; avant, les administrateurs étaient nommés par le Roi lui-même; cet honneur était le seul mobile qui pût vaincre « le dégoût attaché à ces pénibles fonctions »; et il termine sa lettre : « le crédit du préfet ne s'attache qu'aux nominations aux emplois rétribués ».

Il est assez difficile de citer en original les instructions que les préfets recevaient à la veille des campagnes électorales. Tous les documents de ce genre ont été soigneusement détruits, conformément à un plan préconçu et aveuglement exécuté.

Mais un hasard nous permet d'en reconstituer sinon la lettre, du moins le sens approximatif. On s'était appliqué à détruire les lettres venant de Paris : or, les réponses de certains préfets sont tellement explicites qu'il suffit de parcourir ces rapports, que l'autodafé avait épargnés, pour se faire une idée très exacte de ce que contenaient les papiers brûlés. C'est le préfet de l'Ardèche qui nous paraît avoir été le plus indiscret.

Dès le 9 décembre, bien avant les élections, il annonce au ministre que « Son Excellence peut compter sur mes soins, soit pour éviter les surprises des libéraux, soit pour suppléer à la négligence des conservateurs ». Tout le travail se fera dans le plus grand secret : les élections « seront traitées dans mon cabinet et les détails ne seront connus que de mon secrétaire particulier (1) ».

Pour arriver au choix des députés indiqués par le ministre, le préfet a commencé par avoir des conversations avec certains fonctionnaires : « J'ai parlé et je ferai parler haut aux différents fonctionnaires ; je leur explique ce que le Roi a le droit d'attendre d'eux en cette circonstance, s'ils veulent continuer à jouir de ses faveurs ; je ne me suis pas caché que je serai dans la pénible nécessité de signaler tous les récalcitrants aux ministres respectifs, pour qu'il soit pris à

---

(1) Préfet de l'Ardèche, 9 décembre 1823, Archives Nationales.

leur égard telle mesure que prescrirait leur conduite ». Je me suis, ajoute-t-il, fait inscrire comme électeur, « pour pouvoir être présent à l'assemblée et voir dans quel sens voteront les agents du Gouvernement ».

Le clergé sera l'objet de démarches spéciales : « J'avais déjà prié M. l'abbé Vernet, vicaire général et supérieur du séminaire, d'écrire particulièrement à MM. les curés et desservants. » Mais, « pour me conformer ponctuellement à la lettre de Votre Excellence qui me prescrit d'employer l'intervention du clergé, j'ai écrit de nouveau à M. l'abbé Vernet, pour le prier de renouveler, etc. ».

Enfin, les simples électeurs ne seront pas non plus négligés. « Comme les électeurs de ces contrées aiment beaucoup boire et manger, j'ai engagé les royalistes de Privas de s'emparer d'eux dès leur arrivée. J'aurai à dîner chaque jour autant d'électeurs que le local de la préfecture pourra me le permettre; et pour empêcher que les libéraux ne s'emparent de ce moyen d'influence, j'ai commandé dans une auberge une table de vingt-cinq couverts; je chargerai d'en faire l'honneur des personnes influentes et adroites. » Pour les électeurs qui feront preuve d'esprit d'indépendance, « je serai moi-même sur le champ de bataille électorale et je ne doute pas que ma présence n'en fasse tourner plusieurs pour le candidat du Gouvernement ».

Les fonctionnaires subalternes se transformaient en autant d'agents électoraux du candidat ministériel. Les téméraires qui manifestaient des velléités d'indépendance tombaient sous le coup des épurations systématiques. Il existe aux Archives des registres dont l'intitulé même aurait fait frissonner chaque fonctionnaire de cette époque : « Départements dans lesquels le changement de quelques fonctionnaires est proposé comme utile (1). » Certains préfets se montraient exigeants, impératifs : « Le remplacement de M. le conseiller de préfecture La Rochette est considéré comme urgent; on fait dépendre de cette mesure le succès des élections. » (Vendée.)

Les épurations étaient suivies d'envoi d'instructions détaillées. « J'ai donné, écrit le préfet des Deux-Sèvres (2), des instructions à MM. les sous-préfets, et leur prudente sagacité à dû préparer de loin les voies, afin d'obtenir, s'il est possible, des choix favorables au Gouvernement et aux institutions qui nous régissent; leurs efforts, habilement dissimulés, vont tendre constamment à ce but. »

Le préfet de la Haute-Marne dit toute sa confiance dans le zèle des sous-préfets « à qui je viens de rappeler de nouveau, conformément à vos ins-

------

(1) Archives Nationales, F7 4.531 A.
(2) Le 15 mars 1834, Archives Nationales.

tructions, à user de leur influence pour éclairer l'opinion et amener ainsi des désignations utiles au pays en général et au département (1) ».

Les fonctionnaires de moindre calibre étaient considérés comme tenus *ex officio* de collaborer avec le Gouvernement. « Je viens très ouvertement, disait une circulaire adressée par le préfet de l'Isère à tous les maires du département (2), et avec la plus grande confiance, solliciter le concours de votre légitime influence pour faire prévaloir aux prochaines élections la candidature de M. Félix Bréal. » « Vous n'ignorez pas, sans doute, Monsieur le maire, que le Gouvernement attache une très grande importance à voir M. Paul de Ségur entrer dans la Chambre élective... Il faut donc que les amis du Gouvernement ne négligent rien pour assurer une élection si désirable (3). »

On n'épargnait même pas la justice, sacrifiant à l'intérêt des élections l'indépendance des juges.

« A deux reprises différentes, avant l'élection qui vient d'avoir lieu, M. Salcta, procureur du Roi à Prades, a parcouru l'arrondissement avec M. Parès, candidat ministériel; ils ont visité les villes, les villages, les métairies, où ils avaient des électeurs à voir; ils ont été de porte en porte; les

---

(1) 30 septembre 1833, Archives Nationales.
(2) Archives Nationales, 20 juillet 1846.
(3) Sous-préfet de Fontainebleau, cité par le *National,* 12 juin 1842.

sollicitations les plus vives, les plus opiniâtres ont
eu lieu en faveur de M. Parès ; on n'a reculé devant aucune promesse pour obtenir un suffrage.
Des juges de paix ont aussi prêté leur concours
le plus actif au candidat ministériel. Ils l'ont
accompagné chez les électeurs, leurs justiciables,
et ont joint leurs sollicitations à celles de M. le
procureur du Roi (1). »

Les gendarmes, eux, ne demandaient qu'à
marcher ; ce qui les arrêtait, c'était la complication
des intrigues électorales. « Je viens de voir le
lieutenant de gendarmerie... Il est prêt à vous
seconder de tous ses moyens, mais il prétend ne
pas savoir en quoi il pourrait vous être utile. Si
vous pouvez le lui indiquer, comme aussi le moment où il pourrait le mieux vous servir, faites-le-
moi connaître (2). »

Mais il paraît que tout ce rassemblement de
forces ne suffisait pas pour vaincre l'inertie des
électeurs bien pensants. On envoyait donc sur
place des agents *ad hoc.* Ces « commissaires spéciaux » ne survécurent point au ministère de la
police générale ; mais le duc Decazes usa largement d'eux.

La plupart de ces commissaires, qui envoyaient
leurs rapports directement au ministre, portaient

----

(1) *Moniteur*, 1838, p. 2.594.
(2) Préfet du Jura au sous-préfet de Saint-Claude,
juin 1834, Archives Nationales.

des noms qui ne disent rien à un historien. A quelques rares exceptions, ils devaient être d'obscurs policiers; le style et la calligraphie de leurs rapports sont vulgaires; les fautes d'orthographe pullulent; les moyens d'action qu'ils recommandent sont bas. Cependant, ces obscurs se considéraient comme investis de pouvoirs extraordinaires. L'un d'eux, attaqué dans une brochure de M. de Chateaubriand, adresse au ministre une protestation indignée contre l'épithète d'*agent de police* que l'écrivain lui avait appliquée. « Je ne me suis point considéré comme un simple agent de police... J'étais revêtu d'un autre caractère; j'étais chargé d'exprimer aux préfets toute la pensée du Gouvernement sur la direction qu'il convenait de suivre et d'imprimer relativement à la convocation des collèges électoraux et aux élections... (1) »

Leur mission n'était pas facile. Un rapport envoyé de Caen, le 2 octobre 1816, constate un conflit entre le commissaire spécial et le préfet : « Je me suis rendu chez M. le préfet qui, après m'avoir dit que j'étais le septième envoyé du ministère de la police qu'il voyait, m'a fait une violente sortie contre ceux qui m'ont précédé (2). »

Nous aurons l'occasion de voir plus loin que tout n'était pas pour le mieux dans l'organisation

____

(1) Archives Nationales, F7 4.348, Lorient, rapport du 9 janvier 1817.
(2) Archives Nationales, F7 4.348.

de la campagne électorale. Les préfets avaient souvent une politique à eux; aux commissaires du duc Decazes, ils répondaient avec impertinence qu'eux, « ne sont pas de la police... » Les présidents des collèges ne pensaient qu'à leurs candidatures personnelles. On finissait donc par s'entredéchirer, à la grande joie des libéraux. Le rapport suivant, adressé au ministre par un président de collège électoral, relate les difficultés qu'il avait rencontrées dans sa mission. « Jamais on n'a pu donner à quelqu'un une mission plus difficile et fâcheuse que celle que m'avait confiée Monseigneur. Dès mes premiers rapports avec lui (M. Trouvé, préfet), j'ai employé tout ce que la raison et la persuasion avaient de plus convaincant, mais tout a été inutile. Son parti, comme il l'a dit, était pris; il a ajouté qu'il se croirait déshonoré s'il suivait un autre parti que celui qu'il avait embrassé. Dès lors, mes relations avec lui ont cessé, et j'ai vu avec autant de peine que d'étonnement deux personnes de la même ville, deux personnes chargées des ordres du Roi, agir en sens opposé et parler toutes les deux de manière à se discréditer mutuellement (1). »

Comme illustration des moyens employés par

---

(1) Cattellan, président du collège à Carcassonne, au ministre de l'intérieur. 7 octobre 1816, Archives Nationales, Fic. III, Aude, 3.

ces agents spéciaux, nous allons conter les incidents qui marquèrent l'élection de Privas, en 1816.

ÉLECTION DE PRIVAS (1816).

C'était le marquis de la Tourette qui était le candidat du Gouvernement lors de cette fameuse élection de 1816, dont le but avoué était de briser pour toujours l'influence néfaste des « ultras ». En le désignant au poste de président du collège électoral, le ministre de la police générale avait écrit au préfet de l'Ardèche, M. d'Indy, une lettre autographe ainsi conçue :

> Monsieur le préfet,
>
> L'honneur qu'a eu le marquis de la Tourette d'être appelé par le Roi à la présidence du collège de ce département est sans doûte le titre le plus honorable auprès des électeurs et la meilleure recommandation auprès des magistrats dépositaires de la confiance de S. M. et dont le devoir est de suivre et de donner la directive qu'ils reçoivent du Trône. Il désire toutefois que je vous exprime le prix que j'attache à sa nomination... (Archives Nationales, F 7, 4.348, Ardèche, 26 septembre 1816.)

Une telle missive était chose peu commune, même à cette époque. Le marquis partit donc, confiant dans son avenir parlementaire. Mais le préfet, rassemblant tout son courage, fit une démarche des plus inusitées. Il répondit au mitère, par lettre confidentielle, pour expliquer que la candidature du marquis était impossible :

> Une circonstance malheureuse a placé M. le marquis de la Tourette dans une position extrêmement pénible et faite pour l'écarter; il se trouve dans les classes des faillis... Ses biens viennent d'être vendus par expropriation forcée et sa fortune ne suffira pas pour payer tous ses créanciers.

Notons en passant que le préfet appartenait au parti des « ultras », et que la candidature du marquis, ministériel modéré, n'était pas de nature à lui plaire. Le préfet avait un candidat de son parti, le député sortant Rouchon, qui « passait, selon les rapports de police, pour avoir usé de suppositions gratuites, de faux titres et de manœuvres pour se procurer la preuve de payer mille francs de contributions ».

Telle était la situation au moment où les électeurs furent convoqués.

Pour mettre le préfet à raison, on lui expédia un certain M. Etienne. Etait-ce son vrai nom ou bien un sobriquet de police? M. Etienne, comme il le reconnaît lui-même dans un rapport adressé, le 1er octobre 1816, au ministre de la police générale (1) ne trouva qu'un seul moyen pour se donner un air d'importance et en imposer au préfet :

------

(1) Archives Nationales, F7, 4.348, Ardèche,

J'ai eu l'idée, pendant la route, de me mettre les noms de ces messieurs (les divers candidats) dans ma mémoire, de manière qu'en m'expliquant avec lui (le préfet), j'avais l'air de parler d'après moi-même, comme un homme connaissant les choses et les personnes et non comme quelqu'un à qui on avait fait une leçon.

Fort de ce bagage, M. Etienne arrive à Privas et va voir le préfet. Il le trouve « avoir des formes douces et extrêmement polies ». Après l'avoir écouté « avec complaisance et bonhomie, qui dénoterait un homme médiocre, incapable de vigueur et de fermeté nécessaire », le préfet répondit que ce que « je lui demandais était fort délicat ». Il expliqua aussi à M. Etienne qu'il « n'était pas facile de dicter des choix à un collège électoral, qu'on ne pourrait user d'autorité sans compromettre le Roi et les ministres ». Du reste, le préfet « ferait ce que dépendrait de lui ». M. Etienne partit donc pour Lyon en annonçant au ministre que « c'est tout ce que j'ai obtenu de lui de positif, et c'est fort peu de chose ».

Il f.t alors décidé qu'on enverrait à Privas un autre agent, avec des pouvoirs plus étendus ; sa mission, toute secrète, serait de combattre les intrigues du préfet. Un certain M. Plaisantin (nom prédestiné) fut choisi pour cette opération délicate.

Afin d'avoir une idée générale de la situation, M. Plaisantin, en arrivant à Privas, se rendit chez le perruquier (1) « qui me dit en me rasant tout ce que je voulais savoir ». Ces renseignements étaient courts et précis : « M. le préfet et son épouse sont du parti des honnêtes gens (apparemment, le coiffeur était lui-même du nombre des « enragés »); mais il devait agir avec prudence en raison des instructions qu'il avait reçues de M. le ministre (Decazes!), *qui est jacobin.* »

C'était la veille du scrutin. Il n'y avait pas de temps à perdre. M. Plaisantin se rendit à l'auberge où se rassemblaient les modérés et s'aboucha avec leurs deux meneurs M. de la Rogue et l'avocat Tavernier. On lui expliqua que, sur 244 électeurs du collège, environ 85, tous probablement modérés, s'étaient abstenus de paraître, craignant de s'attirer les foudres du préfet. Car Rouchon avait bien soigné sa réélection

> Pendant son séjour à Paris, il s'était distingué par une chasse infatigable aux emplois publics dont, à l'aide de dénonciations fausses et calomnieuses, il avait fait dépouiller la presque totalité des employés de son département, pour en faire le partage entre ses parents, composés d'une troupe de banqueroutiers et autres individus de cette espèce, perdus de dettes et de réputation.

----

(1) Rapport au ministre de police du 8 octobre 1816. *Ibidem.*

Dans cette campagne, Rouchon avait été fortement soutenu par le préfet :

> ... Le déplacement de tous les fonctionnaires publics constitutionnels, la distribution de leurs emplois aux individus du parti contraire, les plus mal famés et les plus passionnés... l'abus de la loi des suspects et enfin le système de délation suivi avec la fureur des jacobins et des bonnets rouges.

Il restait donc en présence, déduction faite de *deux électeurs décédés*, 157 votes. Le scrutin préliminaire (pour l'élection du bureau) avait donné : 79 voix au candidat des modérés, 70 voix à Rouchon, et 8 voix à une candidature intermédiaire, de Granoux ; or, le préfet se faisait fort de trouver pour le lendemain encore une ou deux voix, et les partisans de Granoux avaient décidé de reporter leurs voix sur Rouchon. A des ouvertures faites par des modérés, ils avaient répondu qu'un « mauvais député catholique était préférable à un protestant » ; or, le candidat des modérés n'était pas « catholique ».

« Avant de nous mettre au lit, raconte M. Plaisantin, nous établîmes que les adversaires devaient disposer de 80 voix ». Un gendarme envoyé par Plaisantin pour écouter sous les fenêtres de l'autre auberge, celle « de l'orgueil, des dettes et des vieux parchemins », vint annoncer que la rage des exaltés était à son comble et que le colonel de la garde nationale, « qui est plus qu'exagéré, disait à qui voulait l'entendre que les jacobins étaient perdus et il ajoutait ensuite à son sarcasme des propos peu dignes d'un honnête homme ». Voyant la partie perdue, M. Plaisantin s'ouvrit à M. de la Rogue : puisqu'il était impossible de vaincre, il fallait rendre nulle l'élection de Rouchon. Rien n'était plus facile : d'après la loi, le collège devait avoir un *quorum* de la moitié des électeurs inscrits plus un. Si les modérés s'abstenaient, ce *quorum* ne pouvait pas être atteint. Une heure après, l'avocat Tavernier « avait la parole d'honneur de tous les soixante qu'ils partiraient demain sans voter ». Mes batteries, ajoute Plaisantin, étaient fortement établies.

Mais il fut trahi. « Je ne sais comment, mais le fait est que M. le préfet eut connaissance du projet, le lendemain de bonne heure; et au lieu de l'ignorer comme il l'aurait dû si son intention était de servir le Gouvernement, il a agi tout à fait dans le sens contraire. » Il fit mander chez lui les soixante et les accusa hautement d'avoir adopté une attitude « honteuse et indécente ». Trente-six électeurs déclarèrent, après cette entrevue, « qu'en privant la Chambre d'un député tel que Rouchon, il y avait moins à perdre qu'à gagner ». Ils montèrent à cheval pour se retirer chez eux (« ils représentent 50.000 francs de rentes », ajoute M. Plaisantin).

Mais il y eut des défections...,

Le scrutin fut ouvert à huit heures du matin.
On compta cent électeurs présents. A 2 heures, ils
étaient cent onze, à trois heures cent dix-huit.

On procéda à de « multiples appels par son de
cloche et de caisse, mais il y eut résistance consis-
tante et obstination séditieuse ». (Rapport du
préfet.)

Alors il se produisit un fait sans précédent dans
les annales électorales. Le préfet fit venir le maréchal des logis et lui ordonna d'aller quérir les
électeurs qui n'avaient pas encore quitté la ville. Il
lui remit une espèce d'ultimatum ainsi conçu :

> Messieurs (suivent les noms de huit élec-
> teurs)... et tous autres de messieurs les électeurs
> qui n'ont pas voté, sont invités de vouloir bien
> se rendre à l'assemblée pour y compléter le
> nombre légal des votants qui serait incomplet
> par leur absence et pourrait annuler cette
> assemblée par leur faute et les rendre respon-
> sables.

Ordre fut aussi donné au gendarme de verba-
liser contre tous les récalcitrants. Ce qu'il fit (le
procès-verbal fut ensuite envoyé au ministre de
l'intérieur). A 5 heures, le nombre des votants
atteignait 121. Alors le préfet déclara qu'il esti-
mait le nombre des électeurs décédés à *quatre* et
non à *deux*, et que, par conséquent, on pouvait
procéder au dépouillement. Rouchon fut déclaré
élu.

Le premier mouvement de M. Plaisantin, quand

il apprit ce résultat, fut « d'aller à la préfecture et de tout lui dire franchement ». Mais il se ravisa: « J'ai pensé qu'il aurait fallu me faire connaître et que cela aurait pu me mener loin. » Il quitta la ville le soir même et se contenta d'envoyer à son chef un rapport plein de rancune :

> Rouchon ne serait pas élu sans lui (le préfet) et sans les intrigues de sa femme, qui est beaucoup plus préfet que lui et qui est entièrement vendue et dévouée au parti exagéré; du reste, le préfet est un nigaud, criblé de dettes, sans caractère.

Et il terminait :

> Le Roi ferait mieux de l'envoyer planter ses choux.

La campagne.

Les moyens que les préfets employaient pendant la campagne électorale ne différaient guère de ceux dont se servent actuellement les secrétaires de comités électoraux.

Avant tout, le préfet s'efforçait de devenir le centre de ralliement de tous les électeurs ministériels. « Les hommes qui ont fait partie de la dernière majorité, écrivait le ministre de l'intérieur au préfet du Jura (1), peuvent se réunir, s'en-

____

(1) Archives Nationales, Jura, 28 avril 1834.

tendre, se concentrer ; c'est à vous à les aider, à les seconder, à leur servir de centre quand ils en ont besoin. »

Mais ce ralliement autour du préfet devait avoir un caractère strictement personnel. Le moindre excès de zèle dans ce domaine pouvait entraîner des catastrophes. C'est ce qui arriva au préfet des Bouches-du-Rhône, en 1833. Dans une lettre confidentielle au ministre, ce fonctionnaire avait longuement expliqué que « les amis du Gouvernement se composent ici, généralement, de négociants et de propriétaires qui donnent tout leur temps au soin de leurs affaires et qui sont d'ailleurs peu propres aux brigues électorales (1) ». Il avait donc été nécessaire d'expliquer à ces braves gens que, pour ne pas être débordés par les républicains, il leur fallait former un comité électoral. « J'ai prié M. Fraissinet, adjoint à la mairie, de prendre la direction apparente de cette importante affaire (2) ». Pour rassurer le ministre, le préfet fit rédiger une espèce de statuts de l'Association patriotique et nationale pour le maintien de la Charte de 1830 et de la dynastie de Louis-Philippe, Roi des Français. Un extrait de ces statuts fut envoyé à Paris. On y lisait que l'Association avait été formée pour « assurer un loyal con-

------

(1) 30 septembre 1833, Archives Nationales, Fic. III, Bouches-du-Rhône, 4.
(2) Lettre confidentielle du 8 octobre 1833. *Ibidem.*

cours à l'autorité menacée » et pour « éclairer les classes inférieures et pauvres que les démocrates cherchent à égarer et à jeter dans des entreprises contraires à leur bonheur et à la gloire de la Patrie ». Mais toutes ces précautions n'avaient pas été suffisantes pour faire ratifier par le ministre une innovation aussi dangereuse : le préfet le pressentait lui-même, en ajoutant à une de ses lettres le post-scriptum que voici : « J'aurais désiré qu'ils eussent évité le nom d'Association, à cause de la ressemblance avec celui dont on avait couvert des projets hostiles. » La réponse du ministre ne se fit pas attendre ; elle ne cachait pas au préfet l'énormité de sa bévue. « Je connais le danger ordinaire des associations, qui finissent rarement dans la ligne où elles ont commencé ; mais comme vous paraissez vous être placé à la tête de celle-ci, je pense que, dans la situation de votre département, il est utile de ne pas décourager cette entreprise (1).

Ce n'est pas des comités d'action que le préfet devait chercher à créer ; c'est par l'action individuelle, par des insinuations personnelles, qu'il devait faire valoir son « influence ».

Du reste, l'initiative de Marseille ne peut être signalée que comme un fait isolé ; les autres admi-

____

(1) Ministre de l'Intérieur, confidentielle, au préfet des Bouches-du-Rhône, 15 octobre 1838, *Archives Nationales, Ibidem.*

nistrateurs se gardaient bien de s'aventurer dans des « directions d'apparat » qui provoquent « des polémiques de presse et compromettent l'idée toujours heureuse que le gouvernement respecte toujours l'indépendance des suffrages », comme l'écrivait le préfet des Basses-Pyrénées (1).

Possédant plus de doigté pour déchiffrer les instructions ministérielles, ce dernier informait Paris qu'il se borne « à observer la disposition des esprits d'abord, et ensuite à l'encourager par des insinuations confidentielles et par la loyauté des aveux ».

Le préfet s'efforçait ensuite d' « éclairer » les électeurs. On commença par vouloir centraliser la littérature électorale de l'administration. En 1816, un peu avant les élections générales, on fit publier à Paris une très belle édition en deux volumes intitulée : *Discours de deux Chambres, session de 1816*. Les meilleurs spécimens de l'éloquence royale et ministérielle étaient rassemblés dans cet ouvrage. Mais les préfets étaient sans pitié, et sans humour aussi. Voici la lettre que l'un d'eux envoya au ministre :

> Vous m'avez annoncé, dans votre lettre particulière du 5 septembre, l'envoi d'un écrit propre à donner une bonne direction aux élections. J'ai reçu en effet deux paquets portant le timbre de votre ministère et contenant plu-

---

(1) Archives Nationales, 9 novembre 1833.

sieurs exemplaires d'un recueil en deux volumes in-8° intitulé : *Discours de deux Chambres, session de 1816.* J'ignore si c'est là l'écrit dont Votre Excellence a voulu parler; il n'est accompagné d'aucune lettre d'envoi et j'ai lieu de craindre que quelque méprise ne me prive d'un ouvrage qui serait, dans la circonstance actuelle, *d'une utilité plus grande et plus générale.* (Archives Nationales, F7, 4.348. Préfet de la Côte-d'Or au ministre de la police, 10 septembre 1817.)

Force fut de procéder à un mouvement de décentralisation. Nous voyons donc éclore une multitude de brochures dont les titres suffisent à nous éclairer : *De la véritable indépendance d'un député ; Le calme est la force et le bonheur,* et ainsi de suite. En 1818, un électeur « Franc Messin » faisait paraître un tract pour « remercier » le préfet de lui avoir envoyé coup sur coup six brochures électorales aux titres alléchants (*La Treille de sincérité,* par exemple), « lesquelles m'ont paru remplir fort mal l'objet que vous vous êtes proposé en les faisant publier »; cette réplique a dû être tirée par un éditeur de Paris, « car toutes les presses de mes concitoyens sont occupées pour votre compte (1) ».

Du reste, le *Constitutionnel* lui-même (10 juin 1834) reconnaissait comme tout à fait légal que le

---

(1) FRANC MESSIN. *Deux mots à Monsieur le préfet,* Paris, chez Baudoin fils, 1818.

Gouvernement « proclame dans les journaux ses candidats avoués et les recommande aux suffrages des électeurs ; rien de mieux, c'est un hommage rendu à l'opinion publique ».

En même temps, on avait recours à des conversations particulières. « Rien d'ostensible », annonçait le préfet de l'Aude au ministre de l'intérieur (10 janvier 1834). « La plus grande prudence, répondait le ministre (au préfet du Cantal, le 3 février 1834) ; dans tout ce qui est relatif aux élections, il faut s'en tenir aux communications verbales. » « Vos instructions (sous-préfet de Narbonne au ministre, 16 décembre 1834) nous prescrivent de ne jamais intervenir officiellement. »

Constatons cependant que, dans certains cas extraordinaires, quand l'esprit public, « soit apathie, soit mauvais vouloir ». prenait une direction « visiblement fausse », les préfets n'hésitaient pas à s'engager ouvertement pour « expliquer au pays ses véritables intérêts et pour éclairer loyalement les consciences ». (Préfet de la Haute-Vienne au ministre, 15 novembre 1833.) « Si, comme moi, écrivait ce préfet au sous-préfet de Rochechouard (13 juin 1832) vous êtes persuadé de la bonté du choix de M. E. Blanc, je vous engage à le faire savoir hautement et à rappeler ce qu'il y aurait d'honorable et d'avantageux pour le pays dans une telle nomination ; il n'y a dans cette démarche ni captation, ni intrigue, mais bien une franche manifestation de votre opinion personnelle. »

Cette façon de procéder n'était pas exempte de dangers. Le sous-préfet de Saint-Yrieix avait écrit à M. Saint-Marc Girardin une lettre approuvant sa candidature; le candidat laissa égarer cette lettre et le comité de l'opposition put s'en emparer. « Cet incident fatal », explique le préfet (16 juin 1834), vient de faire échec à la candidature du ministériel, car « le dévergondage est grand et les haines puissantes; les légitimistes firent se répandre cette lettre jusque chez les plus obscurs artisans de la campagne ». Le préfet se console en disant que « l'indignation qu'excite ce vil procédé en est le meilleur antidote ».

LES CANDIDATURES.

Après avoir préparé l'opinion publique, on procédait à la désignation des candidats. Le Gouvernement désignait lui-même ses candidats. Faute d'indications, le préfet s'en chargeait.

Ce deuxième cas n'offre qu'un pur intérêt documentaire. Le préfet de la Corse écrit au duc Decazes, le 30 octobre 1816, qu'il *avait désigné* aux suffrages des électeurs M. Castelli, de Calvi, qui a passé sans difficultés. La situation à Ajaccio ayant été plus compliquée, Paul-François Peraldi a attiré sur lui l'attention du préfet. « Il a de l'instruction et plus d'usage du monde que les Corses, lorsqu'ils n'ont pas beaucoup voyagé. » Mais il n'avait pas l'âge requis par la loi (quarante ans).

Fallait-il insister? Le préfet a vainement cherché un autre candidat. Finalement, voyant « que le parti d'Ajaccio ne m'offrait aucun autre choix tolérable », il « a préféré courir le risque de la nullité ». Et il ajoute cyniquement : « J'ai menacé les électeurs de faire *annuler* l'élection s'ils *ne portaient pas* leur vote sur l'*inéligible* présenté par l'administration. Cette crainte a rendu la plupart des électeurs dociles à mes désirs (1). »

Les autres préfets ne sont pas moins affirmatifs. « J'ai donné toute mon attention, rapporte le préfet de la Gironde, à la recherche des personnes qui rempliraient les conditions nécessaires... J'ai déjà désigné quatre candidats. J'ai pensé qu'il n'était pas temps encore de me déterminer pour le cinquième député et qu'il fallait attendre la manifestation de l'opinion... Je ne fais aucun doute de l'approbation que vous donnerez au choix de ces candidats (2). » Le préfet du Lot n'est embarrassé « que par la rareté des candidats »

Le premier cas constituait la règle. En se basant sur les renseignements fournis par le préfet et sur ses informations et convenances personnelles, le ministre établissait une liste de ceux qui devaient porter dans la bataille électorale les

---

(1) Archives Nationales, F7 4.348, rapport du 30 octobre 1816.
(2) Archives Nationales, F7 4.348, rapport du 21 octobre 1819.

couleurs du cabinet. Chaque préfet recevait un extrait de cette liste en tant qu'elle le concernait. « Je reçois, écrivait le préfet de la Haute-Vienne le 16 juin 1832, vos instructions générales sur la marche à suivre dans l'élection qui va avoir lieu et votre lettre particulière sur le choix le plus convenable, tant dans l'intérêt du Gouvernement que dans celui de la localité. » Les candidatures qui surgissaient sur place et qui se prétendaient ministérielles ne pouvaient être appuyées par le préfet qu'après une confirmation écrite reçue du centre : « Ne jamais promettre l'appui formel de l'administration avant de m'avoir consulté », indiquait le ministre au préfet du Cantal, le 6 mars 1834.

Avant les journées de Juillet, le président du collège électoral était nommé par le roi lui-même, et cette investiture constituait le moyen le plus puissant pour pousser la candidature des ministériels. Celui qui obtenait le poste de président de collège pouvait se considérer, pour ainsi dire, comme à moitié élu. En 1815, bon nombre de présidents de collèges électoraux vinrent demander à Fouché ses instructions. Il les congédia avec ces mots : « Faites-vous nommer ; voilà les seules instructions que je puis vous donner. » Decazes aurait pu répéter ce mot.

Un président qui échouait dans une élection se considérait comme volé. L'un d'eux fut blackboulé à Orléans. Il écrivit au ministre pour se faire re-

nommer à une élection suivante : « Cette justice
m'est due, car j'ai dépensé en dix jours plus de
9.600 francs de frais de représentation » ; le ministre ne voudra pas que ce soit « en pure
perte » (1). Du reste, les tracts électoraux de la
droite étaient tout à fait formels à ce sujet. « Lorsque le Gouvernement a nommé un président de
collège, il a manifesté l'intention de le faire élire
par ce même collège, et quand on marche avec le
pouvoir on ne doit prendre que ceux qui ont été
désignés par lui. Pour tout royaliste, les choix
doivent être faits lorsque le Gouvernement a publié son ordonnance pour la présidence des collèges (2). »

Du reste, les documents officiels, conçus dans
le même sens, ne manquent point. Une circulaire
aux percepteurs, lancée dans le Lot, le 20 novembre 1827 (Archives Nationales, Lot, 4), est tout à
fait formelle. « Le vote des percepteurs qui sont
électeurs est au président du collège. » Le procureur du roi du Lot n'était pas moins affirmatif :
« S'ils (les fonctionnaires) sont électeurs, ils doivent leur vote au président du collège, candidat du
gouvernement... Telles sont les intentions bien
précises du Roi. »

---

(1) Archives Nationales, Loiret, 3, rapport du
13 juillet 1815.
(2) B. M. T. C. *Sous un ministère royaliste*. Bordeaux (1824?), chez Costillon.

Certains de ces présidents allaient si loin qu'ils provoquaient des protestations même de la part des préfets :

> A son arrivée dans le département... il (le président M. Calvert Médaillon) a répandu avec affectation le bruit qu'il était porteur d'ordres secrets émanant du ministère de la police générale; que ses pouvoirs publics étaient les plus étendus, et il n'a point hésité de donner à entendre qu'il pourrait nuire aux personnes qui ne partageraient pas ce qu'il appelait l'opinion des ministres... Pour parvenir à se faire élire, il a invoqué même le témoignage du Roi, dont il a assuré avoir eu une audience particulière et fort longue. Sa Majesté s'est expliquée, disait-il. Elle entend que je sois nommé député. (Préfet de l'Ariège, 11 octobre 1818. Archives Nationales, Fic. III, Ariège, 3.)

Et le préfet d'ajouter avec tristesse : Après une discussion avec un ecclésiastique très respectable, M. Calvet a été entendu dire que ce curé était « un factieux » et que lui, M. Calvet, « serait tenté de l'arrêter ». Il s'est aussi vanté avoir le droit de dissoudre le collège électoral et d'en transporter le siège où bon lui semblera.

Après la révolution de 1830, quand la nouvelle Charte octroya aux membres de chaque collège le droit d'élire leur président, les candidatures officielles durent être soutenues par d'autres moyens, moins affirmatifs. La formule usitée à cette époque était : « Vous devez, Monsieur le préfet, rendre à l'honorable député sortant l'appui qu'il a loyalement prêté lui-même au cabinet (1). » « La réélection des députés appartenant à la majorité constitutionnelle sur laquelle le Gouvernement s'est appuyé depuis trois ans est trop désirable pour que l'administration ne se fasse pas un devoir d'assurer à leur candidature son loyal concours (2). » Les réponses que les préfets envoyaient à Paris ne sont pas moins catégoriques. « Soyez assuré, Monsieur le ministre, que tout en n'usant que d'une loyale influence, je ne négligerai rien pour assurer l'élection du député constitutionnel (3). » « J'ai mis tous mes soins à faire réussir dans le canton d'Uzerches la candidature de M. Gauthier (4). »

Pour résumer, le préfet se transforme en agent électoral du candidat désigné par le ministre.

Ainsi, c'est de lui que dépend le choix du moment où la liste communiquée par le ministre sera divulguée aux électeurs.

« Dans l'intérêt des candidats respectifs, il est prudent de ne pas les mettre en avant trop tôt, ce qui donnerait plus de moyens de discuter les titres des prétendants en les soumettant à un exa-

(1) Ministre de l'intérieur au préfet de la Seine-Inférieure, 15 juillet 1846, Archives Nationales.
(2) Ministre au préfet de l'Aude, 2 février 1834.
(3) Préfet de l'Ariège au ministre, 25 décemb. 1834,
(4) Préfet de la Corrèze, 18 novembre 1833.

men prématuré, tandis qu'en les présentant pour ainsi dire inopinément et au moment décisif, leurs noms ont l'avantage sur ceux de leurs rivaux connus et jugés d'avance, d'arriver de manière à échapper aux investigations malveillantes (1). »

C'est lui qui rédige, le cas échéant, la profession de foi de ceux qui étaient trop indolents pour le faire eux-mêmes. Le sous-préfet de Mamers faisait part, à ce sujet, de ses hésitations au ministre lui-même : « Comme sa ligne de conduite n'est ni bien nette, ni bien déterminée, et que les électeurs fort divers doivent réunir leurs suffrages sur lui, il est à craindre que ce qui conviendra aux uns éloignerait les autres, et la difficulté de parler un langage qui puisse également plaire aux uns et aux autres m'a arrêté jusqu'ici (2). »

C'est le préfet encore qui fait de véritables tournées électorales.

« Je suis rentré hier soir à Mézières, après avoir employé six jours à parcourir l'arrondissement de Vouziers. Je n'ai pas voulu me borner à visiter le chef-lieu de cet arrondissement et, malgré le mauvais état des chemins, j'ai pénétré dans l'intérieur des terres. J'y ai fait trois stations chez des propriétaires qui avaient bien voulu faire de leur maison un centre de réunion pour les électeurs,

---

(1) Préfet du Jura au ministre de l'intérieur, 18 mars 1834, Archives Nationales.
(2) Archives Nationales, 15 mai 1837.

leurs voisins, et j'ai ainsi vu par moi-même presque tous les hommes qui ont quelque influence dans l'arrondissement de Vouziers (1). »

Enfin, c'est lui qui prend les mesures nécessaires pour produire devant les électeurs celui qui sera chargé de les représenter au Parlement. Les inquiétudes du préfet des Hautes-Pyrénées présentent, sous ce rapport, un cas typique : « S'il ne vient pas, j'annonce d'avance à Votre Excellence que tous mes efforts échoueront : les électeurs de ce département veulent être visités et sollicités par celui qui brigue leurs suffrages, et, tout en ne voulant pas être hostiles au Gouvernement, comme ils sont, pour la plupart, peu éclairés et pleins de vanité, ils éliront le candidat de l'opposition si c'est le candidat qui leur fait des avances en les visitant et en les sollicitant, surtout lorsque ce candidat est un compatriote; ensuite M. Baradère pourra faire, dans son propre intérêt, ce que l'administration *ne peut pas faire pour lui : il égalisera la partie.* Il est indispensable, je le répète, qu'il vienne ici, pour réussir (2). »

C'est l'élection de Bourg, 1824, et celle du Cantal, 1834, qui peuvent donner une idée exacte des soins qu'apportait l'administration pour faire

---

(1) Préfet des Ardennes au ministre de l'intérieur, 31 janvier 1824, Archives Nationales.
(2) Préfet des Hautes-Pyrénées au ministre de l'intérieur, 1834, Archives Nationales.

accepter par les électeurs une candidature agréable au ministère. On dirait, à lire les dossiers, que ce fut, pendant les deux mois qui ont précédé les élections, la seule préoccupation du préfet et du ministre de l'intérieur.

Élection de Bourg (1824).

La correspondance relative à l'élection de Bourg commence par une lettre du préfet sur la situation générale. Le député sortant, M. Varenne de Fenille, secrétaire général de la préfecture, voit ses chances très compromises par la candidature de M. de la Boulaye, contrôleur des dépenses de la Maison du Roi. Ce dernier « s'est rendu très officieux à Paris pour les personnes qui s'adressaient à lui; il a donc beaucoup de partisans et de prôneurs (1) ».

La concurrence entre deux candidats royalistes pourrait être préjudiciable aux intérêts du Gouvernement. Le ministre envoie au préfet une lettre confidentielle que nous n'avons pas retrouvée : elle contenait les instructions générales relatives aux élections. Elle a dû être probablement détruite, comme tant d'autres documents compromettants de ce genre. Mais la réponse du préfet n'est pas ambiguë :

----

(1) Rapport du 14 septembre 1823, Archives Nationales,

La lettre confidentielle qu'Elle m'a fait l'honneur de m'écrire le 26 décembre dernier indique les mesures préliminaires à prendre pour arriver au triomphe de la cause royaliste. Ces instructions, mises en pratique avec succès en 1822, seront l'objet de mes soins et de mes sollicitudes. (Préfet de l'Ain au ministre de l'intérieur, 4 janvier 1824.)

Le préfet ajoute que la lutte entre les deux candidats se précise et que Varenne perd du terrain, car on le considère comme appartenant à une « nuance royaliste trop modérée ». En 1822, il n'a passé qu'avec douze voix de majorité; la moindre scission assurera la victoire du candidat des libéraux.

. Le 7 janvier, le ministre précise ses instructions :

Vous devez donc mettre tous vos soins à la réélection des cinq députés sortants. Mes instructions confidentielles du 16 décembre tracent à ce sujet votre conduite et vous indiquent les principaux moyens à employer. N'en négligez aucun, ajoutez-y tous ceux que votre zèle vous suggérera, mettez-les en œuvre avec autant de persévérance que d'activité. (Ministre de l'intérieur au préfet de l'Ain, 7 janv. 1824. Archives Nationales, Fic. III, Ain, 3.)

« Quels que soient les titres des autres candidats, ajoute-t-il, vous devez repousser toutes les nouvelles prétentions; nos candidats sont désignés. »

Le 13 janvier, le préfet fait part de ses craintes.

La situation est extrêmement tendue. Il faut soit obtenir le désistement de M. de la Boulaye, soit faire intervenir l'autorité du président du collège, qui devrait mettre à raison ceux des royalistes qui ne veulent pas voter pour Varenne.

Le 16 janvier, le ministre envoie au préfet 2.800 francs « destinés principalement à obtenir la présence des électeurs royalistes au collège électoral ». Le préfet avait, précédemment, expliqué qu'aux élections de 1822, « nous avons eu besoin, pour l'emporter, de faire venir, malgré eux, plusieurs électeurs fort indifférents à tout, excepté la culture de leurs champs ». Malgré cet argent, le préfet répond par des plaintes :

> Les libéraux agissent, et agissent vivement, tandis que, chose déplorable, la division des royalistes trouble et rompt leurs mesures et les déconsidère parmi les électeurs équivoques qu'il était si important de gagner. (Préfet de l'Ain au ministre de l'intérieur, 22 janvier 1824. *Ibidem.*)

Alors, le ministre, suivant le conseil donné par le préfet, se décide d'écrire au président du collège électoral : « J'ai la ferme conviction que vous aurez triomphé de toutes les divisions. »

Le 22 janvier, le préfet annonce que le président du collège n'a pas réussi dans sa mission et qu'il faut obtenir, de toutes façons, le désistement de la Boulaye. Le 24, il revient à la charge :

Je vais plus loin. Il faut qu'il (de la Boulaye) les (ses amis) dégage de bonne grâce, sans ces restrictions qui feraient croire qu'il ne cède qu'à la majorité de son compétiteur. (Préfet de l'Ain, 25 janvier 1824.)

Mais de la Boulaye, informé par ses amis politiques, prend les devants. Il adresse au président du collège une lettre destinée à redonner du courage à ses partisans :

On ne m'a point fait de menaces ici. On m'a prié de me désister. J'ai répondu que je laissais mes amis maîtres de faire ce que bon leur semblait, que les offres avaient été spontanées et que c'était eux et non moi qu'il fallait convaincre. (De la Boulaye au président du collège, 26 janvier 1824.)

Cette lettre met au comble le désespoir du préfet. Il annonce que l'élection du libéral est inévitable si le ministre n'obtient pas le désistement du candidat de l'extrême-droite. Le président du collège écrit au ministre dans le même sens.

Alors le ministre se décide à s'adresser officiellement à M. de la Boulaye. Le 5 février, il lui écrit une longue lettre pour demander son désistement. « Voici la quatrième fois depuis deux ans — répond par une lettre cérémonieuse le contrôleur du Roi — que l'on me demande de me désister à Paris, à Mâcon et à Bourg. » Mais puisque tel est le désir du ministre du Roi, je me résigne. Le désistement

« formel et sans restrictions » partit pour Bourg le même jour, par courrier spécial.

Le 27 février, les électeurs se présentaient, au nombre de 226, et M. Varenne était élu avec une majorité de 27 voix sur son concurrent libéral. L'administration avait triomphé.

Les élections au Cantal (1834).

Le Cantal comptait, en 1834, quatre circonscriptions électorales : Aurillac, Murat, Saint-Flour et Mauriac. Dans chacune d'elles, l'administration eut de grosses difficultés à vaincre.

Dans la circonscription de Murat, le député sortant, M. Teillard Nozerolle, renonçait, pour des raisons de famille, à se représenter. Cette circonstance causait de graves ennuis au préfet qui, n'ayant aucun autre candidat à présenter, demandait, dès le 12 février 1834, l'autorisation de se rendre à Paris, avec deux autres députés constitutionnels sortants, « pour parvenir à changer, ne fut-ce que pour une seule session, cette détermination de M. Teillard ».

Le congé du préfet ne fut pas autorisé et il dut chercher dans l'arrondissement un autre candidat capable de lutter avec succès contre l'opposition. Après de longues recherches, il arrêta son choix sur M. Fonteilles, ancien militaire. Mais les opinions publiques de ce candidat n'étaient pas exemptes de sympathies pour le « mouvement ».

Le préfet lui-même expose les circonstances dans lesquels s'était produite la conversion très récente de M. Fonteilles :

> M. Fonteilles, après avoir recueilli un petit héritage, s'était jeté dans l'opposition. Mais un mariage avantageux l'a mis dans une position sociale assez brillante et si, avant cette époque, il a pu rêver le bel idéal de la république, j'ai tout lieu de penser qu'aujourd'hui sa conversion est sincère. La dame qu'il a épousée est de Murat même, elle possède des propriétés dans l'arrondissement et je suis persuadé que, si nous lui prêtions aide, il réussirait. (Préfet du Cantal au ministre de l'intérieur, 12 mars 1834. Archives Nationales, Fic. III, Cantal, 4.)

Pour tirer les choses au clair, le préfet fit venir chez lui le candidat qui lui tint le langage suivant :

> Je sais, Monsieur le préfet, que vous m'avez pendant quelque temps considéré comme un partisan de la république, et je dois convenir que la franchise de mon caractère a pu y donner lieu, que dans un temps, je n'ai pas toujours approuvé la marche du Gouvernement. Mais je n'ai jamais été républicain et je dois à la vérité de dire qu'après les secousses que le Gouvernement a essuyées et la manière dont il s'en est tiré, les suffrages des gens de bien lui doivent être acquis. Pour moi, je désire être député et je puis vous assurer que, si l'administration voulait se prêter à ma nomination, je siègerai sur les bancs des amis du Gouver-

nement parce que je suis convaincu que c'est le
seul qui convienne à la France. (Préfet du Cantal au ministre de l'intérieur, 12 mars 1834.)

Ces informations ne parurent pas suffisamment
rassurantes au ministre. Sur un nouveau rapport
du préfet, il paraphe en marge : « Obtenir promptement une décision de M. Teillard. » Le 5 juin,
une lettre officielle partait du ministère, adressée
à M. Teillard, et ainsi rédigée :

> J'apprends avec regret que votre détermi-
> nation n'est pas encore fixée. Mais je désire
> espérer que vous ne refuserez pas un nouveau
> sacrifice au succès d'une cause qui a encore
> besoin du concours de tous ceux qui l'ont déjà
> si courageusement et consciencieusement dé-
> fendúe. Je vous le demande dans l'intérêt du
> pays et presque comme un service personnel.
> (Ministre de l'intérieur à M. Teillard. Noze-
> rolles, 5 juin 1834.)

Le lendemain, M. Teillard « sacrifia ses goûts et
ses intérêts au bien général ». Cette décision ré-
glait la question des élections à Murat : il y fut
élu à une assez grosse majorité.

Dans l'arrondissement de Mauriac, le résultat
ne fut pas aussi facile à obtenir. Contre le député
sortant, M. Salvage, une candidature très influente
se dressait : celle de M. de Thuret, ingénieur des
ponts et chaussées dans le Puy-de-Dôme et gros
propriétaire dans le Cantal. Sa situation officielle
dans un département adjacent lui avait permis

d'élaborer un projet de route qui devait donner au Cantal une issue vers le Nord. « Ce charlatanisme pourra lui obtenir quelques suffrages », constate avec inquiétude le préfet. Il prend donc deux mesures, d'importance inégale au point de vue des intérêts généraux de son département, mais destinées, toutes les deux, à contrecarrer les « grands et merveilleux projets » de M. de Thuret. Ayant appris que M. de Thuret a l'intention de se rendre à une foire qui doit avoir lieu à Mauriac et où il pourrait « se démener » parmi les électeurs, le préfet envoie une lettre au ministre :

> Il serait bon que Votre Excellence voulût bien inviter mon collègue du département du Puy-de-Dôme à retenir M. de Thuret à Clermont, où sa présence est indispensable en cette occasion... Ce serait, il me semble, le moyen le plus simple et le plus efficace de détruire toute cette fantasmagorie d'influence dont M. de Thuret fait parade. (Préfet du Cantal au ministre de l'intérieur, 12 mai 1834.)

Le ministre met en marge de cette lettre : « Ne rien répondre. »

Mais le préfet recourt en même temps à d'autres moyens, plus efficaces ceux-là. La route dont l'ingénieur des ponts et chaussées fait un si grand cas, n'est-elle pas à l'étude depuis de longues années? Le Conseil général n'a-t-il pas voté, il y a deux ans, les crédits nécessaires? Le travail n'a-t-il pas été arrêté par l'absence d'un ingénieur

qualifié pour entreprendre les études nécessaires?·
Le préfet ira voir sur place où en est cette
question du chemin vers le Puy-de-Dôme. Il lance
donc une circulaire « à MM. les sous-préfets,
membres du conseil général et des conseils d'arrondissement, maires et propriétaires du département » :

> Messieurs, je me propose, dans les premiers
> jours du mois de mai, si le temps et les circons-
> tances le permettent, de parcourir les divers
> arrondissements du département pour examiner
> avec attention les besoins de chaque localité,
> entendre les diverses réclamations qui peuvent
> être faites, prendre connaissance de l'état des
> routes et des améliorations dont elles sont sus-
> ceptibles, visiter les établissements publics, par-
> ticulièrement ceux de charité, et obtenir ainsi,
> sur tout ce qui intéresse le bien-être du dépar-
> tement, des renseignements certains. (Aurillac,
> 22 avril 1834.)

La lettre qu'il envoie en même temps au ministre est conçue dans des termes un peu différents :

> Dans l'intérêt des élections futures, je ferai
> dans le département une tournée dont le but
> apparent serait l'inspection des routes et des
> chemins vicinaux. Je me propose de commen-
> cer cette tournée le 2 mai prochain et de par-
> courir les arrondissements de Saint-Flour et de
> Mauriac, qui sont ceux où les élections présen-
> teront le plus de difficultés. (Préfet du Cantal
> au ministre de l'intérieur, 24 avril 1834).

Cette fois-ci, le ministre est content. « Approuver », écrit-il. Le voyage du préfet porte ses fruits :

> Je me suis transporté sur les lieux avec l'ingénieur en chef, une première étude a été faite et immédiatement, des ateliers, en grand nombre, ont été établis; on y travaille, et peut venir maintenant M. de Thuret sans que nous ayons à craindre que les électeurs lui sachent de la reconnaissance pour cette route. (Préfet du Cantal au ministre de l'intérieur, 12 mars 1834.)

Le ministre approuve encore une fois :

> Les travaux commencés dans l'arrondissement de Mauriac ôteront aux partisans de M. de Thuret un puissant moyen d'action. (Ministre de l'intérieur au préfet du Cantal, 2 avril 1834.)

Mais il ne suffisait pas d'attaquer de flanc M. de Thuret. Dès le commencement du mois de mars, le préfet s'efforce de lui faire comprendre directement tout ce que sa candidature a d'inconvenant; mais il n'ose pas tout de même le lui écrire :

> J'ai invité l'ingénieur en chef du Cantal, homme discret et prudent, à aller à Clermont, sous prétexte de s'entendre avec l'architecte chargé des plans de l'établissement de C..., de voir son collègue, M. de Thuret, de l'entretenir de cet important projet et, enfin, de lui parler de l'opposition qu'il rencontrerait dans l'arrondissement de Mauriac. (Préfet du Cantal au ministre de l'intérieur, 12 mars 1834.)

L'entrevue des deux ingénieurs n'avait probablement pas donné les résultats désirés par l'administration. Nous trouvons dans une lettre adressée au préfet, le 6 mai, les lignes suivantes, ajoutées par le ministre de sa propre main :

> C'est un devoir de loyauté pour le gouvernement de soutenir les députés de l'ancienne majorité. Vous le ferez sentir à M. l'ingénieur en chef et vous me direz comment il a accueilli vos observations. (Ministre de l'intérieur au préfet du Cantal, 6 mai 1834.)

Si M. de Thuret persiste dans sa funeste résolution...

> ... il sera de la loyauté de l'administration de le prévenir qu'elle doit et qu'elle accordera tout son concours au député actuel. (Ministre de l'intérieur au préfet du Cantal, 6 mai 1834.)

L'ingénieur n'ayant point cédé aux injonctions du préfet, le ministre demande...

> ... un rapport spécial sur la conduite de M. de Thuret qui, en sa qualité de fonctionnaire public, devrait s'abstenir de toute démarche hostile. (Ministre de l'intérieur au préfet du Cantal, 16 juin 1834.)

Ce rapport part pour Paris le 10 juillet, après la défaite de M. de Thuret :

> Le triomphe de M. Salvage aurait été bien plus éclatant si quelques fonctionnaires pu-

blics n'avaient pas, dans cette circonstance, usé de l'influence de leurs places. Je dois vous signaler particulièrement M. D..., procureur du Roi à Mauriac, qui, oubliant sa position et s'abandonnant entièrement à des opinions ennemies, a employé tout son crédit et celui de ses amis pour appuyer l'élection de M. de Thuret, et qu'il a usé de toute son influence pour le faire prévaloir sur celle de M. Salvage. Vous jugerez dans votre sagesse, Monsieur le ministre, les mesures à prendre à l'égard de ces deux fonctionnaires; il est temps que le Gouvernement exerce main forte et montre son improbation de la conduite de ses employés, lorsque ceux-ci ne se bornent pas à leur vote personnel et se permettent d'user de l'influence de la position qu'ils tiennent du Gouvernement lui-même. Quelques leçons deviennent nécessaires. (Préfet du Cantal au ministre de l'intérieur, 10 juillet 1834.)

Le 14 juillet, une autre missive du préfet suit la première dénonciation :

M. Salvage, ami d'enfance de M. D..., procureur du roi, m'a instamment prié de ne provoquer, pour le moment, contre lui, aucune mesure sévère, craignant, dit-il, que, comme M. D... et sa famille sont très influents dans le pays, cela ne lui attirât quelques désagréments et ne produisît un mauvais effet. Pour moi, Monsieur le ministre, je ne m'arrête point à de pareilles considérations et je pense que, plus M. D... et sa famille sont influents dans l'arrondissement de Mauriac, plus on doit s'empresser de donner son changement à ce fonctionnaire. (Préfet du Cantal au ministre de l'intérieur, 14 juil. 1834.)

Passons aux élections de Saint-Flour. Le député sortant, M. Roussilhe, « appartenait à l'opposition la plus prononcée ». Le 3 février, le ministre envoie une longue lettre pour demander au préfet si, dans l'arrondissement de Saint-Flour, il n'y aurait pas

> ... quelque autre candidat appartenant à l'opinion constitutionnelle, sur qui les électeurs puissent réunir leurs votes avec chance de succès. Tous vos efforts doivent tendre à lui faciliter cette recherche. (Ministre de l'intérieur au Préfet du Cantal, 3 février 1834.)

Le préfet répond le 12 février que la situation lui paraît très difficile, d'autant plus qu'il a peu de relations personnelles dans cette ville.

Il est nécessaire d'avoir, ici aussi, un prétexte à des visites fréquentes du préfet. A défaut de route à construire ou à visiter, le préfet trouve autre chose :

> J'ai conçu le projet d'un vaste établissement thermal qui doit vivifier une partie de cet arrondissement. Je m'occupe sans relâche de l'exécution de ce projet qui flatte singulièrement les habitants et qui doit me mettre en relations d'une manière toute particulière avec les principaux propriétaires. Je pourrai en profiter pour le sujet important qui nous occupe. (Préfet du Cantal au ministre de l'intérieur, 12 février 1834.)

Le ministre approuve, mais donne des conseils de prudence :

> La réélection de M. Roussilhe à Saint-Flour n'est probable, me dites-vous, que par manque absolu de concurrents. Il vous appartient d'encourager les électeurs constitutionnels dans la recherche d'un candidat. Le projet dont vous m'entretenez vous donne une grande facilité pour entrer en relations avec les propriétaires les plus influents de cet arrondissement et vous pourrez en (tirer) attendre un bon résultat, mais vous savez, avec quel ménagement doivent être rapprochées toutes les questions d'intérêt matériel avec les intérêts électoraux. (Ministre de l'intérieur au préfet du Cantal, 6 mars 1834.)

Ces conseils de prudence sont des conseils de pure forme. Le ministre entre tellement dans les vues du préfet que, dans la même lettre, il lui propose une candidature s'appuyant sur l'idée de l'établissement thermal :

> Si vous croyez à la possibilité du succès d'une candidature étrangère au département, l'administration donnerait volontiers son appui à un maître des requêtes du comité de l'intérieur au Conseil d'Etat que des études spéciales mettent particulièrement en position de servir les intérêts de l'arrondissement de Saint-Flour pour l'exécution de l'établissement utile que vous avez projeté. (Ministre de l'intérieur au préfet du Cantal, 6 mars 1834.)

Le préfet rejette la candidature du maître des requêtes : les chances de M. Roussilhe («que ses

commettants eux-mêmes considèrent, passez-moi
l'expression, comme un 'fat ») résident dans sa
qualité d'être « du pays »; il faut donc lui opposer quelqu'un qui soit dans le même cas. Le préfet hasarde une combinaison qui permettrait de
se débarrasser de M. de Thuret à Mauriac et qui,
en même temps, diviserait les électeurs de gauche
à Saint-Flour. Il faudrait persuader indirectement
M. de Thuret qu'il est dans ses intérêts de se présenter non pas à Mauriac, mais bien à Saint-Flour
(lettre du 12 mars). Le ministre, pendant ce temps,
a trouvé mieux : M. de Guizard, préfet de l'Aveyron, cherche un endroit où il pourrait se faire
élire. Quelles seraient ses chances? Le préfet fait
une enquête et répond que ces chances sont des
plus sérieuses, d'autant plus que le sous-préfet de
Saint-Flour a des relations d'amitié — comme
cela tombe bien! — avec M. de Guizard. Il s'agit
de fixer au plus vite les intentions du préfet de
l'Aveyron; s'il a changé d'avis, il ne restera plus
qu'à se rabattre sur la candidature « thermale »
qui avait été proposée par le ministre et dont le
préfet ignore le titulaire :

> Si cependant la candidature de M. Guizard
> ne pouvait pas être appuyée, je prierai Votre
> Excellence de m'indiquer une personne qui, par
> sa position pouvant être utile à l'établissement
> thermal projeté à Chaudesaignes, attirerait à
> elle les suffrages des électeurs. (Préfet du Cantal
> au ministre de l'intérieur, 12 avril 1834.)

Le ministre coupe court à toutes les hésitations.
C'est M. de Guizard qui sera candidat :

> Son élection serait des plus désirables. Je
> vous invite à lui prêter l'appui de votre loyale
> influence. Veuillez adresser les instructions qui
> vous paraîtront utiles à M. le sous-préfet de
> Saint-Flour qui sentira qu'il est de son devoir
> de coordonner son action aux directives que
> vous lui donnerez. (Ministre de l'intérieur au
> préfet du Cantal, 6 mai 1834.)

Le préfet se met à l'œuvre. Mais tous ses efforts
sont paralysés par l'activité de M. Baude, juge
d'instruction à Saint-Flour. « Ne serait-il pas possible de lui faire sentir que si la place de juge est
inamovible, celle de juge d'instruction ne l'est
pas? » Le ministre apostille : « Ecrire au garde
des sceaux et le dire au préfet. » Et il lance comme
dernière instruction : « Combattre aussi active-
ment que possible la candidature de M. Roussilhe. » (Lettre du 16 juin 1934). Mais toutes ces
manœuvres n'empêchèrent pas l'élection du candidat républicain.

Enfin, dans l'arrondissement d'Aurillac, le député sortant, M. Bonnefonds, ministériel, avait
aussi reçu l'investiture du gouvernement : « Le
seconder vivement », est-il dit dans le rapport du
31 mai 1834. Les républicains lui opposent la candidature de M. Métivier, « homme métis, selon les
dires du préfet, tendant aux deux partis légiti-

miste et républicain, servant de trait d'union entre eux ».

Dans cet arrondissement, le préfet était ennuyé par une affaire de courses de chevaux. Il l'expose tout aussi ingénuement que celles des chemins de fer et de l'établissement thermal :

> Les ennemis du Gouvernement ne savent qu'inventer pour paralyser les soins de l'administration, surtout en ce moment, en ce qui concerne les élections nouvelles. Le sieur de Métivier est de retour de Paris et répand ici, dans la circonstance de la foire qui attire à Aurillac les habitants du département, les nouvelles les plus fâcheuses pour contrecarrer les élections et particulièrement celle de M. Bonnefonds. Suivant lui, le Conseil des Haras aurait décidé qu'à partir de 1835 inclusivement, le Prix Royal du Midi ne serait plus couru à Aurillac, mais qu'il le serait à Limoges. Cette mesure, ajoute-t-il, aurait été communiquée à la députation du Cantal qui n'aurait élevé aucune objection... Ces bruits produisent l'effet le plus pernicieux et il importe de les désavouer le plus promptement possible. (Préfet du Cantal au ministre de l'intérieur, 26 mai 1834.)

Voilà le ministre obligé de s'occuper des haras. « Répondre que le bruit est faux, indique-t-il, et faire connaître cette rectification. » Le préfet saisit cette circonstance pour faire publier, par l'entremise d'un conseiller de préfecture, un petit pamphlet qui traitait non seulement de la question des haras, mais aussi de celle des qualités et défauts du candidat de l'opposition, et cela dans une forme désobligeante pour celui-ci. Par les soins du préfet, le pamphlet fut distribué non seulement à Aurillac, mais à Saint-Flour aussi. Les républicains essayèrent de riposter. Mais aucune imprimerie n'osait entreprendre la publication de leur factum :

> N'ayant pas trouvé d'imprimerie qui voulût se charger de leur réponse, quelques uns d'entre eux se sont rendus chez moi pour obtenir que le sieur Picat, imprimeur de la préfecture, pût imprimer leur réponse sans avoir, disaient-ils, à craindre de perdre le travail de la préfecture. Je répondis à ces messieurs que je n'avais rien à permettre ni à défendre à M. Picat. (Préfet du Cantal au ministre de l'intérieur, 24 juin 1834.)

Le jour même des élections, les républicains rédigèrent en quelques exemplaires une affiche : les gendarmes la lacérèrent partout où elle avait été apposée. Alors, un des agents électoraux de l'opposition, M. Gazard, s'empara d'un exemplaire de cette affiche et l'étala, au beau milieu de l'assemblée électorale, sur sa poitrine. « On ne m'empêchera pas, sans doute, criait-il, de m'afficher, moi ». (Lettre du préfet, du 24 juin 1834.) Là-dessus, bagarre et insultes réciproques. « Insolent ! », crie un républicain à M. Bonnefonds. Celui-ci, lui montrant le poing (même lettre), répondit :

— Polisson! Gredin! En sortant de la salle, je vous apprendrai, avec mon parapluie, ce que c'est qu'un insolent!

Il y eut palabres et envois de témoins, mais pas de duel. Le candidat de l'administration fut élu.

LES RÉSULTATS DE L'ACTION
DU GOUVERNEMENT.

Tout ce qui précède peut être résumé dans la formule suivante : le préfet était personnellement responsable, devant le ministre, du résultat des élections dont son chef l'avait chargé.

Le résultat était-il bon? Le préfet envoyait une lettre de triomphe : « Voici la troisième fois de suite que je suis heureux d'obtenir des élections conformes aux désirs de Votre Excellence. » Certains ajoutaient qu'une petite récompense ne serait pas imméritée : « J'ai redoublé de zèle et d'efforts. Ce devoir m'était d'autant plus doux à remplir que j'y trouvais un moyen assuré de légitimer votre bienveillant intérêt en ma faveur (1) ».

La gauche remportait-elle un succès? Il serait beaucoup trop long de donner une liste de préfets destitués après des élections malheureuses.

Les *dii minores* de l'administration suivaient le même chemin, dès qu'on pouvait leur reprocher

----

(1) Sous-préfet de Trévoux au ministre, 27 février 1827, Archives Nationales.

la moindre velléité d'indépendance. Aux élections de Fougères, en 1822, le « sieur Coursier de Schenzey, que l'on m'assure — ajoutait avec ironie le ministre de l'intérieur en écrivant au directeur général des postes — être directeur des postes à Guerche », avait commis un méfait « qui fait regarder son remplacement comme indispensable » : notamment, il avait déclaré en plein collège qu'on lui avait demandé sa voix pour le président (du collège) et qu'il préférait perdre sa place que de voter pour lui (1). La réponse est du 24 mai : « Votre lettre, sous la date du 19 de ce mois... avait suffi pour fixer ma résolution concernant le directeur des postes de la Guerche ; et comme une grande promptitude d'exécution me paraît être le premier avantage de toute mesure destinée à punir l'oubli des devoirs sacrés, j'ai remplacé sur le champ... » S'il s'agissait d'un magistrat, on procédait « sans reproches inutiles (2) » : on le « notait pour ne pas être avancé », car « plus le magistrat est inamovible, plus il semble de sa délicatesse de ne pas profiter de cette inamovibilité pour agir contre le gouvernement ».

Un seul détail pour terminer : dans un département, « tous les maires constitutionnels avaient

---

(1) Archives Nationales, 19 mai 1822, F7, 3.748.
(2) Préfet de l'Hérault au ministre, 27 novembre 1827, Archives Nationales.

formé une sorte de société d'assurance mutuelle...
Ils déclaraient que si l'un d'eux était destitué, ils
démissionneraient *in corpore* (1) ».

(1) *Moniteur*, 1828, p. 427.

CHAPITRE DEUXIEME

L'ACTION DES INDÉPENDANTS (1)

Les candidatures.

La première chose qui frappe, quand on étudie l'action électorale des indépendants, c'est l'absence de candidatures avouées.

Situation paradoxale, qui ne peut être comparée qu'à celle de ces grands clubs où chacun des membres s'assoirait volontiers dans le fauteuil du président, mais sait fort bien que, pour réussir, une excessive discrétion s'impose. Ne pas se singulariser; intriguer dans l'ombre sans jamais se découvrir; se laisser forcer la main; comprendre qu'on n'est digne de l'honneur qu'autant qu'on ne prétend pas l'être. « Le véritable intrigant,

____

(1) Une partie de ce chapitre a paru dans la *Revue de Paris*, 15 avril 1928.

c'est l'homme inconsidéré, présomptueux, égoïste, qui n'aspire qu'à être nommé... Sachons donc nous défier des hommes légers ou imprudents qui briguent avidement nos suffrages : plus ils les désirent, moins ils les méritent (1). »

Les élections, sous la Restauration, étaient, à peu de chose près, une opération mondaine. Seuls, les gens riches et bien nés participaient aux scrutins ; c'est à peine si, à Paris, quelques exceptions laissaient entrevoir l'intrusion éventuelle des « plébéiens ». Le scrutin lui-même n'était en rien comparable à celui d'aujourd'hui. Ce n'était point un défilé de gens, entrant dans un local, le chapeau sur la tête, mettant dans l'urne un papier et s'en allant sans avo'r jeté un regard autour d'eux. Ce collège électoral était une assemblée. On arrivait à une heure fixée d'avance ; on élisait un bureau ; on écoutait en silence un discours solennel ; on votait sur appel et contre-appel ; on restait « en séance » jusqu'à la fin du scrutin. S'il y avait ballottage, on recommençait. Durant le cours de toutes ces opérations, on se sentait membre d'une corporation, éphèmère, mais solidement constituée et régie par les règles du savoir-vivre.

Tout ce qui précède cette réunion quasi mondaine est animé du même esprit de réserve et de bonnes manières. C'est un grand honneur que

------

(1) M. A. Julien de Paris. *Directions pour la conscience des électeurs*. Paris, 1824, p. 34.

d'être élu, mais ne peuvent être honorées par l'élection que les personnes « qui auront mérité la faveur de la majorité sans l'avoir sollicitée ». « Leur triomphe n'en sera que plus beau et leur victoire plus honorable (1). » « Je sais qu'il est des gens qui aspirent à être élus et qui cherchent les suffrages d'une manière peu élevée. Cette quête de voix, *bonnes ou mauvaises,* est humiliante pour toute âme honnête (2). »

Et puis, il y a l'échec éventuel à craindre. De quel ridicule se couvrira celui qui ira quémander les suffrages à droite et à gauche et qui se verra repousser pas ses pairs? Son honneur même ne sera-t-il pas terni?

Pour toutes ces raisons, il est impossible de *poser* sa candidature. Un gentilhomme accepte une charge publique qui lui est spontanément offerte par l'enthousiasme de ceux qui le connaissent et qui l'estiment : il déchoit en postulant (3).

Mais l'ambition existe; il y a le désir de se voir

____

(1) B. M. T. C. *Sous un ministère royaliste.* Bordeaux, 1824, chez Castillon, p. 8.

(2) Préfet de l'Ariège au ministre de la police, 29 septembre 1816. Archives Nationales, Ariège, 4.

(3) Voici le texte d'une affiche électorale que nous avons trouvée dans les Archives Nationales :

« Je déclare sur mon honneur que mon frère aîné, Charles Laboissière, m'a dit qu'il ne ferait jamais la moindre démarche pour obtenir un suffrage; mais

nommer. On se met donc à causer. C'est dans les salons, par la voie sourde des conversations, que se décide le sort des élections. Point n'est besoin « d'embaucher des trompettes » pour faire une allusion discrète, à voix basse, entre poire et fromage. On reste dans la mesure de ce qui est strictement permis par les règles du bon ton.

Il naît ainsi un bruit, une rumeur, le chuchotement d'un nom, malgré la modestie de la personne en question, et « certainement » à son insu. Il devient alors possible d'informer le public de ce qui se passe.

Pour donner plus de poids à ces recommandations par la *vox populi*, on publie les tracts électoraux, sous la forme anonyme. « Si vous me demandez qui je suis ? Je ne vous le dirai point. Quelle est ma mission ? Je n'en ai pas. Quels sont mes titres ? Vous les trouverez dans l'article 8 de la Charte (1). »

Il existe un grand nombre de brochures électorales qui font l'éloge d'une personne *qui n'est pas désignée non plus par son nom*. C'est « celui que

____

que si MM. les électeurs de l'arrondissement électoral de Privas l'honoraient de leur confiance, il ferait tous ses efforts pour la justifier. » S. LABOISSIÈRE. Privas, 25 février 1824.

(1) *Réflexions adressées à MM. les électeurs de l'arrondissement de Libourne*. Bordeaux, 1820, chez H. Faye.

tout le monde connaît » ; c'est « l'homme de toutes les initiatives utiles » ; c'est « le bienfaiteur de l'arrondissement ». Le charme de la vague montante de l'enthousiasme électoral serait rompu si on publiait prosaïquement un nom et une adresse: le mystère ne nuit pas aux initiatives hasardées. « Respectant la liberté des suffrages, je ne me permets aucune espèce d'initiative; je ne désignerai personne; j'engagerai seulement le collège à chercher des candidats dans la nombreuse population lyonnaise (1). »

Dans une brochure électorale publiée à « Nismes », en 1827, l'anonymat s'épanouit dans toute sa naïveté. L'auteur signe « Un électeur ». Le postulant est désigné comme appartenant à la classe de ceux « qui n'entrent pas hardiment dans la lice » ; car, il est de ceux « qui ignorent leur propre mérite et obligent ainsi l'opinion à aller les chercher dans leur retraite (2). » Il faut donc jeter dans l'urne électorale le nom de celui « qui ne recherche point, qui ne demande point l'honneur que vous pourrez lui faire ». Cette désignation n'est-elle pas suffisamment précise ? En voici une autre qui détruira

---

(1) *Un électeur de l'arrondissement du midi de Lyon. Aux électeurs lyonnais de l'arrondissement du midi.* Lyon, impr. J. Roger, s. d. (1828?).

(2) Un électeur. *Aux électeurs du collège d'arrondissement de Nismes.* Chez Durand-Belle.

toute possibilité de doute : c'est celui « qui soupire, le soir, si sa main fortunée n'a pas de quelque bienfait couronné la journée ».

Ce furent donc des indiscrétions formidables quand on commença à parler, dans ces tracts, de « M. de F... » ou du « Châtelain de la Ch... ». Et quand, encore plus tard, on s'aventura jusqu'à donner en entier le nom de la personne recommandée par l'ami anonyme, on dut spécifier soigneusement que c'était bien contre le gré du candidat qu'on osait dire du bien de lui. M. de Tracy « n'a point eu connaissance de notre écrit »; l'autre candidat, désigné dans le tract, a bien voulu parcourir les épreuves du typographe et il « a manifesté, dans son extrême modestie, le désir que l'on retranchât tout ce qu'il y avait de trop flatteur pour lui (1). »

L'évolution des candidatures, dans le sens moderne de ce mot, fut extrêmement lente.

En 1817, un anonyme (Cadet Gassicourt?) publiait deux brochures entièrement consacrées à la question des candidatures (2). « *Ad munus publicum* — cite-t-il Platon en latin — *nemo nisi explo-*

____

(1) Anonyme. *Aux électeurs de l'Allier*, 1830. Paris, chez David.

(2) Un électeur du département de la Seine. *Candidats présentés aux électeurs de Paris pour la session de 1817*, Imprimerie Royale, s. d., et, le même : *Analyse raisonnée des listes d'électeurs et d'éligibles du département de la Seine*, impr. Jeunhomme, s. d.

ratus admittendus. » Mais comment faire pour « examiner » les candidatures? Il n'existe même pas de liste générale des électeurs : elle a été publiée par fragments d'un douzième chacun, et ces fragments ont été tirés à un nombre d'exemplaires dérisoire : à peine si on a pu assurer l'affichage dans les mairies. « C'est avec la plus grande peine que nous sommes parvenus, à force de démarches, à réunir ces fragments, et nous avons cherché vainement un imprimeur ou un libraire qui eût une liste complète. » Mais admettons que la liste soit convenablement publiée. Et ensuite? La loi suppose (puisqu'elle interdit toute discussion dans les collèges) que les électeurs arrivent au scrutin « ayant leur opinion toute formée ». Cette supposition est toute gratuite. « Dans une ville aussi populeuse que Paris, comment distinguer, dans la foule, tous les hommes qui ont droit aux suffrages? » Inutile de songer aux journaux. La « censure » des journalistes eût pu être utile, mais à une condition : il aurait fallu que les journaux fussent libres. Or, ce n'est pas le cas : « Comme ils sont sous la main de l'autorité, et spécialement dirigés et inspirés par elle, ce qu'ils écrivent pour faire et défaire une réputation est sans aucune valeur aux yeux d'un homme qui est dans la confidence de leurs rédactions. »

Inutile aussi de songer à faire revivre les réunions publiques, « clubs », conseils généraux et « assemblées sectionnaires » dont la France est heureusement délivrée. Restent donc les renseignements « partiels, limités et incomplets » qu'un homme jaloux de s'éclairer peut obtenir « dans la société, dans les cercles, les clubs, les athénées, les académies, aux promenades, à la Bourse, etc. ». Ces informations sont rassemblées sans méthode; rien ne garantit leur valeur. Il faut donc chercher autre chose ; il faut *organiser la candidature.*

Cela peut être fait de deux façons. L'auteur analyse longuement la candidature romaine; il explique le rôle des *sequestres,* des *divisores,* des *nomenclatores* et des *interpretes.* D'après lui, le système romain, c'est-à-dire « une demande formelle et authentique émanant d'un éligible, une intrigue ouverte, une sollicitation publique, vive et pressante, faite avec les formes propres à capter les suffrages, « ne peut convenir qu'à un peuple demi-civilisé ». L'auteur convient que «plusieurs des usages que nous venons de rapporter sont adoptés dans les élections au Parlement britannique et, tacitement, dans les nominations de nos académiciens ». Mais il ne croit pas que ces usages puissent s'implanter en France : « On rougirait d'avoir tant d'ambition. » Il faut trouver autre chose.

Si la loi était encore à faire, l'auteur aurait proposé deux scrutins préparatoires, où il faudrait obtenir au moins dix voix pour pouvoir figurer dans une liste de candidats que l'on soumettrait aus assemblées électorales.

Mais puisqu'il est impossible de modifier la loi, il faut suppléer à ces lacunes par l'initiative privée. Et c'est ainsi que nous arrivons à *la liste préparatoire* que l'auteur a élaborée lui-même : il y met toutes les sommités qu'il a pu relever dans la liste des éligibles : aux électeurs de se renseigner et de se faire une opinion. La brochure ne leur garantissait qu'une seule chose : savoir, que le premier tri avait été fait par quelqu'un de tout à fait désintéressé, par quelqu'un qui ne désire qu'une chose, que l'élection de la Seine soit digne de l'aphorisme de Pline : *Sumit digniores*.

Les deux brochures de Cadet Gassicourt ne peuvent être citées qu'à titre de curiosité historique : à notre connaissance, elles n'ont eu aucune influence sur les élections françaises.

Mais le problème des candidatures était déjà posé devant l'opinion publique. Différents électeurs se tourmentaient pour résoudre un problème qu'on peut résumer ainsi : Comment préparer les élections, quand tous les moyens de correspondre entre électeurs — presse, réunions, organisation des partis — sont contraires à l'esprit de la loi et aux intentions du Gouvernement, et quand les candidats eux-mêmes ne veulent pas sortir des rangs ?

Il était réservé à M. Bontemps, « électeur », demeurant 18, rue Saint-Honoré, de déposer au ministère de l'intérieur une requête remplie des meilleures intentions, et aboutissant à l'absurde : M. Bontemps, électeur, avait osé, ingénuement, pousser jusqu'à ses conséquences dernières la politique du régime électoral de la Restauration.

M. Bontemps proteste contre les tracts qu'on distribue dans les rues et qui contiennent des noms de candidats. « Je crois devoir, en ma qualité d'électeur, donner à Votre Excellence connaissance des manœuvres employées pour influencer les prochaines élections. On distribue ouvertement et clandestinement des listes; trois ou quatre différentes m'ont été offertes (1)... »

Personne ne doit influencer les électeurs, de quelque façon que ce soit. Cependant, il faut bien que les électeurs aient à se prononcer non pas sur tous les éligibles, mais sur une liste plus restreinte, résultat d'une opération de triage préalable. Voici en quoi consiste la proposition de M. Bontemps. Il avait le courage de ses opinions :

> Etranger à tout ce qui peut recevoir le nom de *parti*, la prospérité et la tranquillité de ma patrie seules me dirigent; à cet effet, je désirerais qu'un moyen fût adopté qui déjouât toutes les intrigues qui se préparent. Ce moyen, il est vrai, offrirait une nouveauté, mais dont les résultats pourraient bien n'en être pas plus

---

(1) Archives Nationales, Fic III, Paris, 3. Requête du 16 septembre 1816.

mauvais; il aurait, du moins, le grand avantage de faire anéantir toutes les cabales et les agitations de partis...

Il consisterait à mettre dans une urne les noms de tous les éligibles; chaque électeur tirerait, à tour de rôle, un nombre de billets égal à celui des députés à élire. Au dépouillement de ce scrutin, les soixante-quatre noms (ou un nombre plus élevé) qui devraient *au hasard* la plus grande majorité, seraient présentés aux électeurs comme liste dans laquelle les huit députés devraient être choisis; ce choix serait alors fait par les procédés ordinaires, et il serait, je pense, à moins d'un hasard bien malheureux, aisé de trouver un sur huit qui eût réuni, aux vertus privées, les qualités nécessaires pour concourir utilement à la formation des lois.

C'est en 1824 (?) qu'une autre brochure (1) paraît, avec des propositions beaucoup plus conformes à nos habitudes modernes.

L'auteur se plaint amèrement des procédés qu'on emploie, en France, pour préparer les élections. « En France, on se borne à intriguer en secret ou en confidence. On veut bien être nommé à la Chambre élective, mais l'orgueil et l'amour-propre défendent de le faire savoir en public; on se croirait humilié en se montrant sur la brèche et l'amour-propre souffrirait beaucoup si des dé-

____

(1) Anonyme. *Du Gouvernement représentatif et des élections de 1824.* Bordeaux, chez Castillon, s. d. (1824?).

marches ostensibles n'étaient pas couronnées d'un entier succès

Toute autre est la situation en Angleterre, qui possède depuis un siècle un groupement représentatif et qui « a soumis ses mœurs aux exigences du régime parlementaire ». Les Anglais ne sont pas moins chatouilleux que les Français sur les questions d'honneur. Mais « ... l'orgueil et l'amour-propre ne sont, pour les Anglais, que les objets les plus ordinaires au moment des nominations à la Chambre des communes. L'homme opulent sort de ses salons dorés, va rendre visite au mince fermier, saluer l'humble artisan, causer avec l'estimable boutiquier, et leur demande à chacun sa voix et son suffrage ; ce riche tenancier ne dédaigne point de faire savoir qu'il se porte candidat pour l'élection et se montre à ses concitoyens dans tous les lieux publics où il peut croire que sa présence est indispensable ».

La candidature anglaise est tellement utile pour la formation du Parlement que la loi ne devrait pas hésiter à l'imposer aux éligibles. Une telle loi entrerait bien dans l'esprit de la Charte; il suffirait de décréter « que la candidature est de rigueur et qu'un collège ne pourrait recueillir des voix qu'en faveur de ceux qui feraient publiquement acte de candidature ».

Sous l'influence de ces écrits, pour payer un tribut à l'anglophilie du temps, par nécessité politique enfin, certains se décident à se porter can-

didats. Avec bien des réserves et — détail curieux
— en se référant aux usages *mondains* des mariages (!) « Vous avez vu, Monsieur, que je me
suis engagé solennellement dans la prochaine lutte
électorale et que je n'ai pas craint de donner à ma
démarche la plus grande publicité. Bien des gens,
néanmoins, m'a-t-on fait savoir, pensent que vouloir ainsi, et ne pas obtenir, est un déshonneur, et
qu'on ne doit pas postuler ostensiblement ce qui
peut être l'objet d'un refus; mais il en est, ajoute-
t-on, qui sont d'avis qu'on doit faire, comme dans
les mariages, affiches et publications (1). »

A la veille de la révolution de juillet, la candidature politique peut être considérée comme définitivement entrée dans les mœurs électorales.
« Des hommes très respectables — annonce en
1828 M. Fulchiron aux électeurs du Rhône —
pensent qu'il est parfaitement respectable que les
prétendants à la députation se mettent eux-mêmes
en avant. »

Mais des survivances continuent à orner les
brochures électorales de ceux « qui ne craignent
pas de dire hautement sur quoi ils se fondent pour
solliciter d'honorables suffrages ». Les intentions
de M. Crose, éligible dans le premier arrondissement de la Haute-Loire, « sont trop pures » pour
qu'il n'hésite pas « à solliciter les suffrages et à

____

(1) *Profession de foi du lieutenant général Aymé.*
Paris, 1828, chez A. Constant.

faire en quelque sorte sa propre apologie ». Un autre candidat « croit devoir, en publiant cette brochure, sacrifier son amour-propre à l'intérêt de son pays ». Surtout, « on ne descend pas à parler contre d'autres concurrents, tous fort honorables ». On se couvre aussi contre la possibilité d'un échec éventuel : « J'aurais encore lieu d'être fier si je ne réussissais pas; je me souviendrai dans ce cas qu'un Spartiate fut heureux de reconnaître dans sa patrie trois cents citoyens dignes de lui être préférés. »

LA PROPAGANDE ÉPISTOLAIRE.

Sa candidature posée, il s'agit pour le candidat de se mettre en communication avec les électeurs.

La presse étant fortement muselée et les réunions publiques pratiquement interdites, une campagne électorale, dans le sens moderne du mot, n'était pas possible.

Pour se faire connaître, les candidats sont forcés de recourir à des moyens autres que ceux auxquels nous sommes habitués.

Le nombre des votants est restreint ; leurs adresses sont connues. On va écrire une lettre personnelle à chacun d'eux. La période qui nous occupe est presque exclusivement une période de *propagande épistolaire*. « Grâce à la manifestation de l'opinion publique dans les dernières élections, je suis fier d'être électeur. Les gens comme il faut, des comtes, des barons, m'écrivent de charmantes

lettres, dans lesquelles ils disent le plus grand
bien d'eux-mêmes. Heureux temps... Aurais-je pu
m'attendre à tant d'honneur? (1) »

Parfois, on les fait graver et on met en bas
une signature en fac-similé (2); mais, la plupart
du temps, on se résigne à les faire imprimer, sauf
à faire à la main les adjonctions nécessaires (3).

Presque chacune de ces lettres débute par un
« Monsieur » très cérémonieux. En 1819, un candidat avait osé envoyé au Marquis de Verteillac
une circulaire qui commençait par le mot
« Electeur ». « Sachez, Monsieur, répondit par une
lettre rendue publique le destinataire, qu'il n'est
pas honnête d'avoir intitulé votre écrit « Aux
Electeurs »... M. le lieutenant général, comte
Duras, président du collège, a intitulé sa lettre :
« A Messieurs les électeurs », et l'a commencée
par « Monsieur » (4).

---

(1) *Arrondissement électoral de Melun et Fontainebleau. Qui nommerons-nous député ?* s. l., s. d.
(1828?). Chez H. Courcier.

(2) Par exemple : *Lettre de M. Bosc, ancien député
de l'Aude,* s. l., s. d. (1829?).

(3) Par exemple, une lettre curieuse préconisant la
candidature de M. Salverte, « l'un des trente plus
forts contribuables et chevalier de la Légion d'honneur » (1815). Impr. de Moreaux. Cette lettre contient
une troisième page écrite à la main.

(4) DE VERTEILLAC. *Réponse à un écrit ayant pour
titre « Aux électeurs de bonne foi »,* s. d. (1819).
Poitiers, chez Gatineau.

Le style qu'on employait était dans le même goût. C'est avec un sourire attendri qu'on lit les formules de persuasion électorale employées en 1827. Nous avons fait du chemin depuis!... « Il serait trop affligeant pour moi de vous trouver parmi mes adversaires. La différence dans des opinions politiques ne brise pas les vieilles affections; mais elle en altère la douceur; elle arrête les épanchements de la confiance; elle met à part les pensées et les vœux, quand, dans une véritable amitié, tout doit être en commun. Je souhaite donc ardemment que nos cœurs, qui se sont toujours si bien entendus, soient aussi d'accord sur le choix de notre mandataire (1). »

Pour signer la lettre électorale, on se sert des meilleures formules épistolaires : « C'est dans cette confiance que j'ai l'honneur d'être, avec la considération la plus distinguée, Messieurs les électeurs, votre très humble et très obéissant serviteur ; le comte de Charrière (2). »

La propagande épistolaire doit rester dans les limites d'une correspondance de particulier. Dans sa forme, elle doit être pleine de réserve et de dignité : « Les électeurs... n'aiment pas qu'on prenne une posture trop humble; ils se plaisent à

____

(1) *Un électeur dé l'arrondissement de Corbeil à un de ses collègues.* Paris, chez Ponthieu, 1824.

(2) *A Messieurs les électeurs du département de la Drôme.* Valence, 1824. Impr. Marc Aurel.

lui (le candidat) voir conserver cette haute considération qui est son plus beau titre à leurs suffrages. » Dans son volume, la correspondance du
candidat ne doit pas dépasser ce qui sied à un
courrier d'un homme du monde. « Je n'aime pas
les moyens employés par M. Aubernon; cet amas
d'écrits est indigne d'un caractère élevé. »

Bien entendu, les électeurs répondent aux
lettres qui leur sont envoyées. Et, ce faisant, ils
ne savent pas exactement s'ils font un acte politique ou bien s'ils s'acquittent d'un devoir de pure
courtoisie. « Monsieur, débute une *Réponse d'un
électeur à une lettre d'un candidat,* j'ai reçu
votre lettre; elle m'a beaucoup flatté. Je me félicite
de ce que ma qualité d'électeur m'attire cette politesse et me fournit cette occasion de me mettre en
correspondance avec vous. Puisque vous m'avez
fait l'honneur de m'écrire, je dois vous répondre :
il me semble que c'est l'usage, en France, et je ne
veux pas plus que vous manquer au caractère
français (1). »

Une correspondance assez abondante naît de
cette façon.

CORRESPONDANCE TYPE.

On peut considérer comme correspondance type
celle qui a été échangée par Georges de Lafayette

____

(1) Limoges, 1828, chez Ardillier.

et les concurrents qui lui étaient opposés en Haute-Loire aux élections générales de 1827.

Georges Washington de Lafayette, fils du fameux héros de l'indépendance américaine, filleul du grand Washington, était porté par les constitutionnels. Les candidats du ministère s'appelaient Charbon de Solilhac et Calmard Lafayette (non apparenté aux Lafayette du château de Chavagnac).

Le fils de Lafayette ouvrit le feu des polémiques en publiant une brochure dans laquelle, tout en se défendant d'être républicain, il parlait de liberté.

> Pour mieux intimider les électeurs honnêtes, mais simples, on fait à ce propos passer sous leurs yeux les Jacobins et la République; il semble qu'une révolution soit à nos portes et l'on ose imprimer que la « seule nomination de M. Georges Lafayette peut la faire éclater ». Ne dirait-on pas que M. Georges va établir une république tout seul. Ceux qui pourraient s'en effrayer ont le cauchemar ; il suffit de les réveiller.

Pour parer à la pression officielle :

> Avec un député adversaire des ministres, vous dit-on, quels avantages obtiendrez-vous pour votre département?
> — Qu'avons-nous obtenu de ses amis?
> — Vous renoncez donc aux faveurs personnelles ?
> — De nouveaux députés en pourront obtenir de ministres nouveaux.

— Mais vous avez un bon préfet, vous allez le faire destituer?

— L'élection du général Lafayette (père) n'a pas fait destituer le préfet de Seine-et-Marne. Les ministres auraient trop à faire cette fois. D'ailleurs, on a vu des préfets tellement embarrassés du grand nombre de promesses par lesquelles ils avaient acheté les électeurs que le ministre a été obligé, pour les libérer, de les faire passer à d'autres préfectures. On assure qu'il en sera ainsi de celui de Haute-Loire.

En ce qui concerne la personne du candidat lui-même, l'auteur *anonyme* de la brochure s'exprimait dans les termes suivants. Au lieu de parler d'un programme politique, il présente le candidat comme un homme « sensible », orné de vertus familiales. Des allusions plus que discrètes sont faites aux « cyprès » et au « malheur » qui se « réfugiait » à Chavagnac pendant « l'époque des triomphes de la France » : chacun était libre d'interpréter à sa guise ces formules poétiques.

Pendant que les guerres de l'Empire mettaient en feu l'Europe et couvraient la France de lauriers et de cyprès, M. de Lafayette vivait au sein d'une famille dont il était l'idole. La paix et le bonheur avaient leur séjour au milieu des bienfaits ; le château de Chavagnac fut, pendant l'époque du triomphe de la France, l'asile où le malheur trouvait de la pitié, des larmes et des secours. La bienfaisance étendait son généreux empire à dix lieues autour de cet antique manoir, et le cœur de M. de Lafayette

était le centre de ce cercle où la philantropie se
nourrissait du bonheur d'apaiser les cris du désespoir et d'essuyer les larmes de l'orphelin.
Son fils, M. Georges de Lafayette, tient de l'im-
mortel Washington l'âme sensible de son père.
Ils partagent ensemble ce doux empire que
donnent les vertus.

Les deux principaux adversaires étaient traités
de la façon suivante :

> M. Calmard Lafayette. « N'a de commun
> avec le marquis de Lafayette que la ressem-
> blance du nom dont il n'a pas dédaigné de se
> donner le reflet... » « Au terme de son mandat,
> n'a satisfait que son ambition... » « Touche des
> honoraires considérables... » « Ses concitoyens
> sont indignés de servir de marchepied à des
> ambitieux. »
> M. Charbon de Solilhac. « Appartient à la
> classe des privilégiés... Que l'aristocratie le
> porte donc, si elle veut, si elle peut, à l'élection
> du grand collège. Ce n'est pas aux plébéiens à
> l'y élever. »

Les royalistes relevèrent immédiatement le défi.
C'est un certain Maurice Onslow qui fut chargé
de rédiger la réplique. Il s'en acquitta en deux
fournées, trouvant probablement que la première
brochure n'avait pas été suffisante pour produire
l'effet voulu (1).

------

(1) Réflexions sur l'*Ecrit adressé aux électeurs de
la Haute-Loire* et *Aux électeurs de la Haute-Loire*,
toutes deux sans date. Le Puy, Impr. de la Préfecture, Pasquet père et fils (1827?).

La première débute par des réserves que, vraiment, on est étonné de trouver dans un tract électoral. Était-ce pour payer un tribut à la mode d'alors que M. Onslow se lamente sur les peines que sa brochure va causer... à la fille de Georges de Lafayette? Ou bien, avait-il des raisons personnelles pour se montrer déférent à l'égard de cet « ange »? Mystère :

> Une peine bien grande vient altérer chez moi le calme du devoir... C'est celle de blesser grièvement l'amour filial dans le cœur généreux de la petite fille du héros de l'Amérique. L'ange consolateur des malheureux de Chavagnac est à l'âge du bonheur. La nature et la bienfaisance parlent seules à son âme, et ces deux pensées, qui ne quittent jamais le toit de l'infortune, n'embrassent point un avenir politique. Qu'il est pénible pour moi de faire connaître la première peine à un cœur si bon!... Mais le sang doit-il empêcher Mlle de Lafayette de concevoir dans l'âme d'une autre l'impérieuse loi que lui impose sa conviction qui tend à se répandre pour le bien public et d'apprécier l'importance des devoirs qui attachent un Français à sa patrie comme le fils reconnaissant à la plus tendre mère?
>
> Je suis tellement convaincu du bien qu'opère l'existence de M. Georges de Lafayette, que j'exposerais mille fois ma vie pour défendre des jours précieux à l'humanité... mais je serais heureux de la perdre, si ce sacrifice pouvait l'empêcher d'être nommé.

Après cet exorde sentimental, M. Onslow aborde

la politique. Un énorme danger menace la France :
le renouvellement des convulsions révolutionnaires. Toutes les classes « intéressantes » du
pays (commerçants, cultivateurs et propriétaires)
perdraient à une nouvelle éclosion des tourmentes
incendiaires ; le trouble pénétrerait dans ces
classes et ne leur laisserait que des remords
d'avoir voté selon l'esprit de sédition. On dit que
les principes révolutionnaires, dont Lafayette père
a été le défenseur aux « Indes occidentales », **ont**
profité à l'Amérique. M. Onslow ne nie pas que la
révolution américaine ait été un bienfait pour ce
pays, en y introduisant, par l'effet de la liberté,
les lumières, le commerce, les sciences et les arts.
Mais la même liberté a produit des résultats tout
à fait contraires en France, propageant la fureur
et l'impiété, massacrant les gardes du corps sans
armes, dressant un échafaud pour Louis XVI et
s'engloutissant ensuite dans le chaos, dévorée par
l'anarchie. Pour quelle raison la liberté était-elle
inutile à la France ?

**Un véritable patriotisme ne peut s'inspirer
des idées de liberté américaines pour la France.
L'indépendance fut un bienfait offert à la ser-
vitude des peuples du Nouveau-Monde et en
cela le général français fut l'apôtre comme le
héros de l'humanité. Mais les idées d'indépendance apportées de l'autre hémisphère en
France furent, pour une nation déjà libre, un
chancre politique qui devait dévorer bientôt**

tous les fondements de l'ordre social et livrer à l'anarchie la première nation de la terre.

Donc, la Haute-Loire ne doit pas élire un révolutionnaire. Ici commencent les embarras de Onslow : comment représenter en révolutionnaire Georges de Lafayette qui n'avait que treize ans au moment de la Terreur et qui n'avait, depuis, souscrit à aucun programme politique? Onslow se rabat sur le père. Il passe en revue la carrière politique de ce dernier et s'efforce de prouver qu'il avait démérité de son Roi; il l'accuse de ne pas s'être fait tuer pour Louis XVI :

> Le sang du bienfaiteur de tant de peuples devait-il être moins généreux que celui de ces fidèles et intrépides gardes du corps qui rendirent le dernier soupir sur les marches du trône?... M. de Chavannes commandait, le 6 octobre, un poste de ces braves. Présentant sa poitrine à un fer assassin, il réclamait l'honneur de mourir le premier... M. de Lafayette, par ses triomphes et les beaux souvenirs de l'Amérique, avait bien plus de titres que M. de Chavannes pour offrir son sang à la royauté... Il préféra d'être tranquille spectateur des massacres commis à Versailles par les brigands unis à l'armée qu'il commandait.
>
> Les journées des 5 et 6 octobre furent décisives contre la royauté. Dans une semblable catastrophe, Turenne ou le loyal général Foy, à la tête d'une armée semblable à celle de Lafayette, auraient sauvé leur souverain, ou trouvé la mort... Le lendemain de cette abominable

> tragédie, le général de la garde nationale de
> Paris, à la tête de ses troupes et des trente mille
> scélérats qui l'avaient précédé à Versailles, con-
> duisait à Paris le roi et sa famille, et deux
> têtes sanglantes de gardes du corps, portées au
> bout de deux piques, servaient de bannière à
> cette exécrable escorte...

Le général de Lafayette porte donc la respon-
sabilité du régicide. Il doit le reconnaître lui-
même :

> Alors Lafayette versait peut-être les larmes de
> sang sur la cendre de son Roi... Victime lui-
> même de ces temps désastreux, peut-être le ser-
> pent du remords déchirait son âme... Ah! mal-
> heureux! tu pouvais sauver ton maître, ton bien-
> faiteur! Tu le laissas assassiner!...

Il n'a rien fait, non plus, pendant la révolte des
Chouans. Onslow le lui reproche, tout autant que
son inactivité pendant la période qui « ébranla les
fondements de tous les trônes en Europe » et qu'un
lecteur non averti pourrait attribuer non pas à
Napoléon, *non mentionné,* mais aux Charette,
dont le nom précède, dans le texte, l'évocation de
l'épopée :

> Sous les Bonchamps, les La Rochejaquelein,
> les Lescure, les Stofflet, les Charette, les Char-
> bon de Solilhac, la Vendée pare ses lys de
> lauriers de la fidélité, jette un éclat immortel et
> succombe... Six mille preux inspirés et com-
> mandés par trois princes français, éternisent
> les titres d'une noblesse dévouée à l'héroïsme

et à l'infortune; un peuple héros ébranle jusque
dans leurs fondements tous les trônes de l'Europe... et le nom français se confond à jamais
avec l'immortalité!...

M. de Lafayette, étranger à tous les événements qui mettaient en feu cette partie du
monde et couvraient la France de lauriers et de
cyprès, vivait au sein d'une famille dont il était
l'idole.

Mais tout cela n'a rien à voir avec Georges
de Lafayette. S'en rendant compte, Onslow lâche
son plus grand argument, le coup de poignard.
Avez-vous été à Chavagnac? demande-t-il.

Des hommes aveugles parlent souvent avec
enthousiasme d'une pierre de la Bastille, sur
laquelle ils disent être fixé le bonnet de la
liberté qui est à l'entrée du château de Chavagnac... Il est bien fâcheux que les cannibales,
après avoir dévoré le cadavre de M. de Launay,
aient jeté ses ossements aux chiens de la place
de Grève... Le squelette de ce martyr, à côté du
bonnet de la liberté du château de Chavagnac,
eût été sur la même ligne des souvenirs de ce
signe de destruction.

Mais ce n'est pas tout :

Dans la ville de Langeac, dernièrement, un
banquet fut offert au filleul de Washington. Au
milieu de l'enthousiasme qu'inspirait sa présence, des cris de « Vive la République! » se
firent entendre.

La brochure se termine par un air *di bravura*
inattendu. Mais cet accord final est en parfaite
concordance avec les sensibleries du début :

> La publication de ce médiocre opuscule
> aigrira dans le département les nombreux amis
> et les partisans du bienfaiteur des malheureux;
> je conçois, dans toute son étendue, l'obligation
> de la reconnaissance, les droits et l'empire de
> l'amitié... Si leur vengeance exige de moi une
> satisfaction, je serai fier (pour soutenir ce que
> j'ai avancé) d'exposer contre les plus braves
> d'entre eux tout le sang qui fait battre mon cœur
> pour mon roi et mon pays.

C'est en vain qu'on rencontrerait, dans les
deux brochures de M. Onslow, le nom de celui
qu'il oppose à M. de Lafayette. Ce nom ne s'y
trouve pas, selon l'usage. Un seul passage pourrait permettre aux gens du pays, bien au courant de la vie des grands seigneurs d'alentour,
de déchiffrer l'énigme des sympathies politiques
de M. Onslow. On remarquera que ce passage
n'a rien de politique : il est uniquement consacré
aux angoisses d'une épouse affolée auprès d'un
malade :

> Que l'habitant de la Haute-Loire porte ses
> souvenirs près de Brioude, dans cette demeure
> où un preux de l'armée de Condé était, il y a
> peu de temps, au lit de la mort... Il verra dans
> son âme le tableau touchant des angoisses d'une
> famille adorée par ses bienfaits; il lui semblera
> entendre encore les sanglots de ces bons villa-

geois que l'industrie et les connaissances agricoles du comte de P... (*sic*) faisaient vivre sans blesser la fierté que « l'indigence même laisse au cœur français ». Qu'il se représente la douleur d'une épouse qui étouffait ses cris prêts à percer jusqu'au fond de l'âme de celui qui allait lui être ravi; qu'il se rappelle ces feux précurseurs de la mort... ce silence religieux... ce lit baigné des larmes des pauvres, où un Français sans reproche et sans peur attendait d'éternité... Il réunissait, dans ce moment terrible, tout le feu et les forces de sa grande âme, pour appeler les bénédictions du ciel sur sa belle patrie... Dieu bon et juste, tu le rendis à la reconnaissance...

Quoi qu'il en soit, la littérature de M. Onslow porta ses fruits : Georges de Lafayette fut battu. Mais Onslow eut aussi un quart d'heure désagréable. La ville de Langeac se jugea offensée, tout comme Lafayette, par le passage de la brochure où il avait été dit que des cris de « Vive la République! » avaient retenti à un banquet. Nous ne connaissons pas les tractations qui eurent lieu entre les partis; nous ignorons aussi quels moyens de pression furent appliqués à M. Onslow. Mais on lui fit signer une rétractation, et il subit des humiliations qui furent multipliées à dessein. Il dut l'écrire, cette rétractation, de sa propre main, et ses ennemis firent établir des copies certifiées conformes par un notaire. L'une d'elles fut même enregistrée, comme un testament ou une vente de ferme. Le malheureux Onslow paya aussi les droits de timbre : des sommes misérables de 1 franc avec un dixième et de 5 francs d'amende avec 50 centimes en sus, comme cela résulte d'une inscription en marge de la copie. Enfin, le document fut publié à ses frais, chez Pasquet, son imprimeur, celui de la préfecture. Tel fut l'épilogue de cette histoire électorale : Lafayette se vengea par ministère d'huissier.

LES ARGUMENTS EMPLOYÉS.

Si on analyse l'ensemble des polémiques électorales de cette époque, on constate tout de suite une ignorance, un manque étonnant d'expérience. En rédigeant les tracts électoraux, on ne sait pas comment s'y prendre, par où commencer.

Bien sûr, il faut dire du bien de celui que l'on porte à l'élection. Mais on ne sait pas encore quel est exactement le terrain sur lequel il faut chercher les éloges. On tâtonne.

Il existe, par exemple, un grand nombre de lettres, dans lesquelles on affirme tout simplement que le candidat en question a des talents d'orateur. Est-il possible d'être député si on ne sait pas parler en public? Un polémiste s'étend longuement sur cette question.

Dans les anciennes républiques, explique-t-il, l'éloquence dominait le peuple. Sans elle, point de gouvernement, point d'Etat. C'est de la tribune que sont parties ces foudres qui répandirent la terreur dans l'âme de Philippe. Ce sont les orateurs qui faisaient tour à tour frémir, palpiter et pleurer les foules haletantes à Athènes. Par contre, en Perse, les despotes régnaient par le silence, car l'éloquence ne peut pas fleurir sous un gouvernement fondé sur l'arbitraire et le crime. « L'esclave ne saurait être éloquent (1). »

Conclusion : Elisez M. Un Tel, avocat, car, lui, il sait parler. Et la brochure se termine par un dithyrambe à l'adresse des dons de persuasion que possède le candidat; elle explique comment il excelle à jeter une première lumière sur le sujet dont il s'agit d'éclairer le terrain; comment il trace les divisions principales et enchaîne les idées en les fortifiant les unes par les autres, de sorte que les auditeurs « sont séduits et cèdent à leur insu au mouvement gradué de l'orateur ». Dans une autre brochure, l'avocat Burtin va encore plus loin : à des électeurs de la droite, il propose une candidature de gauche pour cette seule raison que son protégé saurait « tonner à la tribune avec des accents d'indignation ». En vain me dirait-on, explique-t-il, que le candidat en question est un opposant libéral : « ce ne peut être un motif d'exclusion; à deux muets, adjoignons un orateur; ils ont besoin d'un tel coadjuteur (2) ».

------

(1) *A propos des élections.* Paris, 1818, chez Huillier.

(2) M. Burtin. *Un mot aux électeurs du département du Rhône,* 1818. Chez Boursy.

Les « muets », mis dans l'obligation de se défendre, prétendent qu'il n'y a pas besoin de « chercher l'éloquence ». L'homme qui porte la liberté dans son cœur parlera toujours bien en parlant en homme libre. Et ils citent l'exemple du « paysan des bords du Danube » qui eut à comparaître devant le Sénat romain et qui, sans avoir jamais vu le monde, « écrasa les préfets par le simple récit de leur cruelle administration ».

Existe-t-il d'autres qualités — que celle d'être beau parleur — dont le candidat peut se prévaloir devant les électeurs? La littérature électorale présente, sous ce rapport, une bifurcation. D'un côté se dressent des amas de phrases pompeusement rédigées : survivance de la rhétorique tant en usage sous la Révolution. « Toi qui, l'un des premiers, fis entendre, etc... Toi qui sus dévoiler de ténébreuses machinations, démasquer un zèle hypocrite... Camille! Camille! Toi, dont le nom et les actions rappellent un nom si grand dans l'antiquité... que le département du Rhône s'honore par le suffrage qu'il te doit (1). »

Mais, d'un autre côté, commencent à poindre les réalités électorales. Timidement, sans art et surtout sans aucune expérience, on vient rappeler aux électeurs un fait, un geste, un détail : la vie politique, à cette époque, n'était pas riche en

____

(1) *Cives dilecto civi*, ou *Les Lyonnais à Camille Jordan*. Lyon, 1818, chez Chassipolet.

développements, et on s'accrochait, faute de mieux, à des puérilités.

Celui qui a écrit un livre, ne fût-ce que sur l'Histoire de Chine, s'en fait un titre (1). Un éditeur se contente d'annoncer qu'il a beaucoup médité les œuvres de Tacite, dans « lesquelles se trouvent cachées toutes les origines de notre droit politique (2) ». Celui qui a déposé une pétition dont « les sentiments élevés et généreux ont été applaudis par la Commission », cite le *Moniteur* (3). Celui qui n'a pas encore eu le temps de rédiger sa pétition en donne, avant la lettre, le sens général (4). Un noble énumère les exploits de ses ancêtres : dès le règne de Henri IV, les Quatremère étaient distingués et honorés en même temps dans le commerce et la magistrature (5). Un scion de la bourgeoisie parle de l'éducation qu'il a reçue : « Mon père était maître des arts de l'ancienne université de Paris. Il épousa une demoiselle Chambré, fille

(1) Сн. Pougens. *A Messieurs les électeurs du troisième collège de Paris.* 1828. Chez Selligue.

(2) Panckouke. *A Messieurs les électeurs du septième arrondissement de Paris.* Chez le même, Paris.

(3) M. du Parc. *A Messieurs les électeurs du Jura.* Bourg, chez Bottier, 1827.

(4) De Franclieu. *A Messieurs les électeurs des arrondissements de Clermont (Oise) et de Senlis.* 1830, chez Tremblay.

(5) Anonyme. *Grand collège électoral de la Seine.* Paris, 1820, chez Le Normant.

dé l'auteur du *Dictionnaire de la Fable* : dictionnaire petit alors, et devenu si volumineux depuis, sous les fécondes mains de M. Noël... Tout mon héritage s'est composé de l'éducation paternelle ; de bons chiffres et une bonne écriture en ont formé la partie la plus utile ; beaucoup de carrières avortent faute de ces deux instruments (1). »

Victor Hugo fait annoncer dans les journaux — mais c'était en 1842 — qu'après les conférences de l'abbé de Ravignan, il « s'est approché de la sainte Table avec un recueillement fort édifiant (2) ».

Un député sortant prétend que cette qualité suffit pour justifier sa réélection, car en Angleterre, « le député fidèle meurt sur le banc où le maintient la confiance de ses électeurs (3) ». Enfin, un autre député sortant se vante d'avoir été le premier à lancer en circulation la maxime des « journaux qui expriment l'opinion, mais qui ne la font pas (4) ». Il paraît que c'était tout son bagage.

------

(1) *Profession de foi de M. Imbert, membre du conseil général de l'Aisne.*

(2) *Journal de l'Aisne,* cité par le *National*, 13 juin 1842.

(3) Baron MECHIN. *Aux électeurs de l'Aisne.* Paris, chez Gaultier, 1827.

(4) Anonyme. *Aux électeurs*, Lille, ch. Leleu, 1818.

LES PROFESSIONS DE FOI.

Les professions de foi, c'est-à-dire les engagements politiques qui lient le candidat pour l'avenir, faisaient également défaut.

Epoque de douce naïveté. Comment un gentilhomme donnerait-il publiquement des engagements dont, éventuellement, il ne pourrait pas assurer l'exécution? Par surcroît, ne ternirait-il pas son honneur en faisant des promesses?

Nous nous trouvons donc en présence de candidats qui, solennellement, ne font qu'une seule profession de foi : celle de n'en avoir aucune. Un candidat, dans les Deux-Sèvres, questionné par un électeur qui voulait savoir de quel côté de la Chambre il avait l'intention de siéger, répondait : « Monsieur, je siégerai là où je trouverai une place libre ». « Les professions de foi, les engagements exigés et souscrits sont, selon moi, une atteinte grave portée à l'honneur et à l'indépendance du candidat qui en subit la nécessité; elles forment aussi une garantie illusoire pour ceux qui les imposent (1). » Guizot lui-même expliquait aux électeurs du Calvados que « les professions de foi sont justement suspectes quand elles viennent au moment du besoin et comme moyen de succès ». Mais c'est dans les mémoires de Béraud

---

(1) *Un électeur du département des Vosges à ses collègues.* Epinal, 1828, chez Géraud.

(*Souvenirs parlementaires*, p. 401) que nous voyons, sous la forme la plus frappante, cette horreur des engagements politiques qui est un des traits les plus caractéristiques de la Restauration. Un magistrat, conte Béraud avec une indignation non feinte (« tels étaient le désordre et l'aberration des esprits »), « vint me chercher la veille des élections pour me demander quelle serait mon attitude vis-à-vis du cabinet. On me rendra justice, je l'espère, de croire que je me refusai, sans concession aucune, à l'humiliant interrogatoire auquel on voulait me soumettre ». « J'entends mieux la liberté, l'indépendance que ceux qui vous envoient, Monsieur, dis-je au mandataire, et je ne me croirais ni libre, ni indépendant, si je ne pouvais remuer le bras ni ouvrir la bouche que lorsqu'on aurait tiré le fil que j'aurais eu la sotte imprudence d'y laisser attacher. »

Les *dii minores* suivaient la même ligne de conduite. Un candidat dans la Moselle se vantait de ne rien avoir promis avant son élection : « Si, avant d'avoir été élu, j'ai gardé le silence, vous apprécierez les motifs qui m'ont dirigé (1) ».

Sous la monarchie de Juillet, avec le développement du parti des ministériels, la question des professions de foi se transforme. Elle sort du domaine des susceptibilités personnelles et prend

______

(1) P. CHEDEAUX. *A Messieurs les électeurs du quatrième collège.* Paris, chez Selligues, s. d. (1828?).

l'aspect d'un grand problème parlementaire : par la force des choses, le candidat ministériel ne pouvait pas avoir de programme à lui, car il ne pouvait pas prévoir les « services » que lui demanderait son « chef ». C'est alors l'apparition d'un grand nombre de brochures dont le but est de donner un semblant de justification juridique à ceux qui ne veulent signer aucune profession de foi. Au nom de la liberté des votes parlementaires et sous prétexte de combattre le mandat impératif, les juristes fulminent contre les professions de foi.

La Charte — dit un des ministériels — exige que toute loi soit « discutée et votée librement » (art. 18). Or, que deviendra cette liberté de discussion et de vote si, « nonobstant toute délibération, les quatre cents députés doivent, en dernière analyse, voter suivant l'ordre qui leur aura été d'avance intimé »? Ce serait un comble de dérision, si ces étranges législateurs « faisaient des lois à coups de boules et comme en jouant aux dés, sans que les lumières rivales puissent éclairer leurs esprits ni guider leurs consciences (1) ». Et un autre dialecticien d'ajouter : les députés ne peuvent être assimilés qu'aux jurés ; c'est en « âme et conscience » qu'ils doivent voter, sans tenir aucun compte des engagements prématurés

______

(1) S. Cн. *A Messieurs les électeurs, à l'occasion du renouvellement de la Chambre des députés.* Paris, 1831, chez Belin.

« acquis à la suite de démarches et de sollicitations souvent importunes et toujours illégales ». Celui qui oserait soutenir le contraire « fausserait les institutions constitutionnelles et tomberait dans l'absurde (1) ». Bref, celui qui prend des engagements « préliminaires » ne peut être qu'un homme rempli de suffisance, qu'aucune vérité ne peut plus éclairer : plus la question est grave, moins « j'abdiquerai le droit de l'examiner », sachant que les lumières peuvent jaillir au dernier moment de la discussion. « Je ne prends donc envers personne aucun engagement spécial (2). »

Mais les nécessités politiques étaient plus fortes que toutes ces subtilités de candidats intéressés à ne pas s'engager. La publication des professions de foi devient donc de plus en plus fréquente, sauf à être entourée, chez les candidats les plus récalcitrants, de formules de scepticisme propres à enlever au document auquel on souscrit, une certaine partie de sa valeur : « Je sais quel abus déplorable est fait des professions de foi politique ; néanmoins, comme il n'est pas d'autre manière de se faire connaître, je crois devoir vous adresser

------

(1) Un Electeur. *A Messieurs les électeurs du 1er arrondissement du département des Pyrénées-Orientales.* Perpignan, chez Tastu.

(2) Du Cauhroy. *Aux électeurs des cantons de Bagueville, etc.* Paris, 1831, chez Rignaux.

la mienne (1). » Les électeurs, méfiants, répondaient par des démissions anticipées qu'on imposait aux députés suspects. C'est ainsi que M. de Rainneville avait déposé entre les mains de son concurrent une démission que celui-ci pouvait envoyer « par la poste » au président de la Chambre. Les électeurs prenaient acte de ces promesses bizarres et leurs bulletins de vote étaient rédigés : « pourvu qu'il tienne ses promesses », « à condition qu'il donnera sa démission » (2).

En passant à l'analyse de ces professions de foi, on trouve que celles lancées par la gauche possédaient, seules, ce vernis qui découle d'une éducation parlementaire acquise pendant de longues années de luttes électorales. Dans le camp des ministériels et surtout dans celui des isolés, les maladresses subsistent jusqu'à la fin du régime.

Les lieux communs pullulent. « J'aime l'ordre. J'aime la constitution. Ma devise politique, en un mot, est celle-ci : une liberté large, mais sage, et sans excès. Une paix convenable au développement du commerce, mais sauvegardant la dignité de la nation. Point de lois d'intimidation (3). »

----

(1) A. DE PARSEVAL. *A Messieurs les électeurs de l'arrondissement de Pont-de-Vaux.* Mâcon, 1842, chez Chassipolet.
(2) *Moniteur*, 1846, p. 2.263-2.265.
(3) SAUNIÈRE. *A Messieurs les électeurs de l'arrondissement de Limoux.* Paris, 1839, Impr. de Locquin et Cⁱᵉ.

« J'accepterai un programme sur lequel je verrais écrit : « Modération dans les principes, franchise dans les actes, oubli du passé, confiance pour l'avenir »; j'accorderais avec empressement mon concours à tout projet qui tendrait à la réaliser (1). »

Les projets les plus baroques sont étalés devant les électeurs. C'est ainsi que la profession de foi du docteur Gerdy consistait à demander que les élections se transformassent en une espèce de concours entre les candidats; chacun d'eux se présenterait « avec quelque projet d'amélioration générale ou locale », ce qui permettrait de « tourner au profit de la patrie une activité qui, jusqu'à présent, n'a que trop souvent tourné au profit de l'intrigue »; on pourrait, de cette façon, « moraliser l'institution des élections ».

Un autre candidat publiait, sous forme de profession de foi, une dissertation à la manière de Jean-Jacques Rousseau sur l'avantage de vivre dans l'état naturel.

« L'homme naît dépendant des choses et de l'homme. Partout il recherche impérieusement la lumière qui l'excite et l'air qui l'anime; partout il emprunte aux arbustes et aux animaux leur parure pour voiler sa nudité, ou il s'empare de leurs fruits ou de leurs chairs pour satisfaire ses be-

____

(1) BERTRAND. *A Messieurs les électeurs de l'arrondissement de Sens.* Paris, 1837, Impr. de Paul Dupont.

soins absolus, et, enfin, partout il associe son intelligence et sa force physique à celles de son semblable. Tant qu'il vit dans un heureux équilibre avec l'univers, il conserve sa vigueur première (1). »

Cette étude bucolique se termine par une page ravissante sur l'industrie vinicole.

« Le monde est prodigue de merveilles ; de simples végétaux, bien cultivés, procurent du travail, la force physique et l'aisance à des myriades de bras humains. Parmi eux, la vigne tient le premier rang ; elle seule peut utiliser la terre où elle végète ; son bois donne un feu agréable ; son fruit est le plus savoureux et, mis en fermentation, il procure aux Français leur boisson ordinaire, sous le nom de vin, la plus utile de toutes celles connues, puisqu'elle réunit à l'avantage de donner le plus de force physique et d'intelligence celui, que ne possède encore aucune autre liqueur, de rendre défaillantes les mains de l'homme qui en abuse. Les Grecs disaient que là où finit la vigne, finit l'esprit ; et nous, nous ajouterons que, par l'étendue du bonheur journalier qu'elle procure aux pauvres humains, elle est un arbre providentiel. »

En général, les questions économiques sont abordées avec une gaucherie déconcertante. Ceux

----

(1) *Profession de foi politique,* par Louis-Victor Benech, docteur en médecine de la Faculté de Paris. Paris, 1842, Impr. de A. Guyot.

qui cherchent à rester dans le domaine des pro-
blèmes concrets échouent dans des détails insignifiants : tel M. Malgaigne, dans le quatrième arrondissement de Paris, en 1847, qui considérait que
l'absence d'une bonne loi sur les faillites rendait
tout commerce impossible et qui invitait les électeurs à se rendre « dans une des salles de la
mairie » pour mettre au point, d'accord avec lui,
un projet qu'il déposerait ensuite à la Chambre (1).
Par contre, ceux qui préfèrent embrasser l'ensemble de la situation économique sont pris d'un
tel vertige d'impuissance qu'ils rédigent leurs
tracts... en vers :

> *Ne proclamons pour député*
> *Qu'un Français de haute énergie,*
> *Pour le commerce et l'industrie,*
> *L'agriculture et l'équité*
> *Prêt à sacrifier sa vie (2).*

AUTRES PROFESSIONS DE FOI.

On trouve, dans les tracts électoraux, des déclarations qui, sans être des professions de foi dans
le sens strict de ce terme, offraient, à une époque

------

(1) *A Messieurs les électeurs*, etc. Chez Dupont,
Paris, 1837.

(2) LAISNÉ. *A Messieurs les électeurs du troisième
arrondissement de Paris*, etc. Paris, 1842, chez Adde,

où on ne pouvait dévolopper librement la totalité d'un programme politique libéral, un pis aller, un symbole que les initiés déchiffraient à leur guise.

Le plus important de ces mots d'ordre de convention était : député *indépendant*.

Si nous ne nous trompons pas, ce fut B. Constant qui fut le premier à lancer l'étiquette de « constitutionnels et indépendants » (1) ; d'après lui, « les ministres sont des libéraux quand on les compare aux députés non indépendants », aux ministériels qui, « dans l'espoir de la réciprocité, accordent au ministère toujours plus qu'il n'en demande ».

Nous avons déjà dit, dans le chapitre précédent, que le ministère considérait les fonctionnaires comme les cadres de l'organisation du parti ministériel. Il était naturel que les électeurs répondissent à cette façon de voir par la constitution d'un « parti » indépendant, c'est-à-dire antiministériel, sans plus. Ainsi, par l'action du ministère lui-même, la France se divisait en deux grands camps : ceux qui détenaient le pouvoir et ceux qui en étaient privés. Une brochure électorale publiée en 1818 (2) exprime la conviction que le conflit entre les administrateurs et les adminis-

---

(1) Cité chez DULAURE. *Histoire*, VII, p. 150.
(2) *Anonyme. Réflexions obligées d'un électeur du département de la Moselle*, Metz, chez Antoine, 1818.

trés est éternel. L'auteur de cette brochure ne soupçonne même pas qu'il soit possible de mettre fin à l'antagonisme de ces deux classes d'hommes, antagonisme qui rendait la paix intérieure si précaire. « Il est, dit-il, impossible de sortir de ce cercle d'idées et de démentir aucune des propositions suivantes. » Les intérêts du peuple sont en opposition éternelle avec ceux des ministres. « Quel est l'intérêt du peuple? C'est de jouir de toute la tranquillité que réclament les pères de famille... C'est enfin de payer le moins d'impôts possible. Quel est, au contraire, l'intérêt des ministres? C'est de s'investir de la plus grande autorité; de restreindre la liberté des citoyens. »

Puisque la Chambre représente le peuple et non les ministres, les députés doivent être indépendants. C'est presque leur raison d'être.

Il existe un grand nombre de lettres électorales où, comme nous l'avons dit, la totalité du programme politique est remplacée par un seul mot : « indépendant ». « ... Sa fortune, son caractère et de nombreux antécédents garantissent qu'on trouvera chez lui cette noble indépendance sans laquelle il ne saurait y avoir de loyal député (1). »

Qu'est-ce qu'un député indépendant? Au début,

____

(1) Anonyme. *Electeurs de l'arrondissement de Roanne.* Lyon, Impr. de C. Coque, s. d. (1827?), p. 2.

on essaya d'interpréter ce terme dans son sens littéral. « L'indépendant est celui qui, jouissant d'une fortune aisée, peut choisir ses occupations, ne cherche point d'associer les fonctions libres à des places honorifiques ou lucratives, pour ne jamais se trouver entre son devoir et sa conscience (1). »

Etait donc indépendant tout homme d'honneur qui, ferme dans ses principes (sans spécifier lesquels...), ne connaissait au-dessus de lui que le prince et le Roi, n'appartenait à aucun parti et « ne se vendait pas ». Mais cette formule fut vite dépassée par les événements. On s'aperçut bientôt qu'il fallait préciser. Ne peut donc prétendre au titre d'indépendant que celui qui a « la haine des ministres ». N'a pas d'indépendance voulue celui qui recherche, pour lui et pour sa famille, des places lucratives distribuées par le ministère, des décorations, des sinécures, des charges à la cour; bref, celui qui « se regarde comme membre nécessaire de toutes les majorités ». Un pareil candidat ne doit pas être envoyé à la Chambre. « Ce serait envoyer à un intendant infidèle ses valets à gages pour arrêter ses malversations et scruter ses comptes. Plus l'intendant accumulerait d'intrigues pour les obtenir, plus le propriétaire qui ne serait

____

(1) Anonyme. *Candidats présentés aux élections de Paris.* Paris, chez L'Huillier, 1817.

pas insensé les lui refuserait et le laisserait
crier (1). »

L'expérience aidant, la notion d'indépendance
se cristallise de plus en plus. Il ne suffit pas de ne
pas être vendu au ministère au moment des élections : il faut donner des gages qu'on ne le sera
pas après avoir été nommé député. Car, qu'ont-ils
fait, les députés de 1824? L'un a été nommé directeur des haras; un autre a conquis les fonctions
de payeur; un troisième a gagné un entrepôt de
tabac et une place d'inspecteur des tabacs du
département (2). M. de Ch..., député de l'Allier, ne
s'est pas contenté d'être un des « trois cents toujours muets et toujours nuls »; il a demandé une
recette générale, puis une recette particulière, puis
une préfecture (3).

Il se forme donc dès les premières années de la
Restauration l'usage — probablement inspiré par
l'exemple de l'Angleterre — de déclarer solennellement qu'on se soumettra à une réélection si on
devient fonctionnaire. C'est un certain Boullanger
qui prétend avoir inventé cette formule et l'avoir
lancée en 1817, dans une brochure publiée à

------

(1) Anonyme. *Aux électeurs de la Haute-Loire*. Au
Puy, 1827, Impr. de Pierre Benoit, Frédéric Clet.

(2) Anonyme. *Des élections dans le département
du Lot*. Paris, 1827, chez Guiraudet.

(3) Anonyme. *Aux électeurs de l'Allier*, Paris, chez
David, 1830.

Orléans (1). Nous n'avons pu vérifier cette assertion. Par contre, nous avons entre les mains une lettre publiée à Paris, en octobre 1818, par Benjamin Constant, dans laquelle il dit : « Je ne traiterai point ici d'une manière générale la question de l'incompatibilité de fonctions salariées avec la mission de député. Mais quant à moi, le bien le plus précieux me paraissant être la confiance d'une population éclairée, je ne voudrais jamais rien changer à la position dans laquelle j'aurais l'inestimable avantage d'obtenir cette confiance, et par conséquent, fier d'être un des députés du peuple, je n'accepterais point de place, autre que celle de député. » Au fur et à mesure que la pression officielle se développe, le nombre de candidats qui s'engagent à ne pas accepter de places payées par le Gouvernement ou à se soumettre à une réélection en cas d'acceptation de poste, augmente. Les candidats « jurent », signent des engagements, réitèrent leurs promesses devant le public assemblé pour les fêter après l'élection.

Le principe de l'indépendance éliminait, en première ligne, tous les candidats qui étaient en même temps fonctionnaires de l'Etat.

Une polémique se crée, dont le seul but était

---

(1) Voir les indications dans sa brochure publiée en 1828 : *A Messieurs les électeurs de l'arrondissement d'Orléans.* Orléans, s. d., chez Danicourt Ruet, p. 1,

de faire croire aux électeurs que le mot d'ordre d'indépendance, lancé par la gauche, n'était qu'une mesquine intrigue et qu'on peut être bon député tout en restant fonctionnaire obéissant.

« Comment, fulmine un conseiller d'Etat, il se trouverait des Bretons qui puissent croire qu'une marque de confiance du Roi fût un titre pour perdre la leur ? (1) Comment, ceux qui me connaissent peuvent penser que le mince émolument de conseiller d'Etat peut être capable de modifier les sentiments ou la conduite d'un homme qui a deux millions de biens? »

« On peut devenir maître aux comptes, ajoute un candidat des Deux-Sèvres, conseiller ou même président, sans cesser d'être honnête homme et bon député (2). »

D'autres, délaissant le terrain purement personnel, cherchent à élargir le débat et posent la question dans toute son ampleur. « Les électeurs, dit un anonyme problablement intéressé (3), doivent tout peser dans la balance de leur conscience; et si, tout considéré, le caractère de l'homme présenté, sa conduite et toutes ses actions nous

----

(1) DE FRENILLY. *A Messieurs les électeurs de Savenay*. Nantes, chez Mellinet.

(2) Anonyme. *Aux électeurs des Deux-Sèvres*, 1829. Niort, chez Morisset.

(3) *Réflexions obligées d'un électeur de la Moselle*. Metz, 1818, chez Antoine.

offrent plus de garanties que d'autres, nommons-
le, quoique fonctionnaire. »

Les hommes de loi cherchent à établir des
distinguo assez ingénieux : peut-être l'auteur
avait-il trouvé cette subtilité dans sa situation
personnelle; savoir, il abandonne à leur sort les
fonctionnaires amovibles, quitte à plaider pour
ceux qui ne le sont pas.

« ... Le fonctionnaire inamovible se présente
avec la défaveur qui naît d'une ambition possible.
Il peut, en effet, en flattant le pouvoir, se promettre
de grands avantages; mais, en tout état de cause,
il ne craint pas du moins qu'une boutade ministérielle vienne le frapper dans ses droits acquis ;
tandis que le fonctionnaire amovible, administrateur ou magistrat, est sous le poids d'un double
soupçon justifié par une double crainte, car d'un
côté son ambition le portera au pouvoir; de l'autre,
la défaveur des ministres, comme l'épée de Da-
moclès, lui paraîtra toujours menaçante (1). »

Citons enfin ce cynique : « Je préfère celui qui
possède à celui qui veut acquérir (2). »

Mais les non-indépendants avaient en réserve
encore un argument. Et c'était celui qui les

____

(1) Geffrier de Neuvy. *Aux électeurs de l'arrondissement d'Orléans. Qui nommerez-vous?* Orléans,
chez Danicourt Huet, 1828.

(2) Anonyme. *Notice sur les présidents de sections
et les députés sortants*, s. l., 1817.

faisait vaincre aux élections. Toutes les subtilités
juridiques ne valaient pas un seul appel au soi-
disant gros bon sens.

Le député ministériel sera utile à son département; voilà, réduit à sa plus simple expression,
l'appel aux appétits des électeurs que faisaient
valoir les non-indépendants. « Si vous nommez
M. Devaux (constitutionnel), l'arrondissement de
Saint-Amand, objet de la défaveur du Gouvernement, n'obtiendra aucun des établissements qui
peuvent concourir à sa prospérité ; administré
comme un pays conquis, il pourra à peine compter sur la justice de l'administration; vous serez
personnellement exposés à toutes les tracasseries,
à toutes les difficultés dans vos relations journa-
lières (1). » Une brochure d'allure nettement dé-
magogique, dont nous avons retrouvé les épreuves
dans les dossiers de la police générale (nous
croyons savoir que le « bon à tirer » n'a jamais été
donné à cette élucubration infâme) présente, sous
la forme ironique, les raisonnements que tiennent
à leurs électeurs les députés indépendants (2) :

> Je suis indépendant. Cette qualification que
> je me donne doit vous faire deviner que j'ai la

______

(1) Anonyme. *M. Devaux.* Bourges, chez Souchois,
1827.

(2) *Lettre d'un indépendant à Messieurs les électeurs du département de ?*, s. l., s. d. (1819?). Archives
Nationales, F7, 4.348.

prétention de vous représenter à la Chambre des députés... Je n'aurai rien à attendre des ministres : donc, rien ne m'empêchera de leur résister, de combattre et de rejeter, sans examen, leurs propositions. Vous trouverez peut-être que je choisis mal ma position pour réclamer, soit en faveur de votre département, soit en faveur de mes commettants, certaines grâces qu'un député est ordinairement chargé d'obtenir. J'en conviens; mais si je changeais de position, je ne serais plus indépendant... Je pourrais peut-être, en faisant fléchir un peu ce noble caractère, obtenir pour quelques parents estimables, mais pauvres, des places dans les lycées, des grades pour des jeunes gens militaires dont les droits à l'avancement n'ont pas été assez appréciés faute d'un protecteur pour les faire valoir. Que m'importe? J'ai le moyen de payer la pension de mon fils; et pour qu'il soit indépendant comme son père, je prétends bien, qu'à mon exemple, il ne travaille que pour lui... Avec mes cent mille livres de rentes, vous voyez que, sans grands efforts, je puis être indépendant. Peut-être ceux qui n'ont pas une telle fortune (et il serait possible que, même parmi vous, Messieurs les électeurs, on en comptât quelques-uns), ceux-là, dis-je, penseront qu'il conviendrait que mon indépendance ne nuisît pas à leurs intérêts.

Les écrits de ce genre — et leur nombre est infini — devaient ébranler pas mal de constitutionnels. L'opposition s'efforçait donc d'effacer ou de diminuer l'impression produite par ces appels à l'égoïsme élémentaire. Il est impossible disait une des brochures qui professait la doctrine de l'opposition (1) — qu'on nous enlève, comme on le dit, la culture du tabac, si le candidat ministériel échouait aux élections. « Vous concevrez que, ni cette culture, ni les établissements élevés par la régie, ni l'expérience de vieux cultivateurs, ne peuvent être promenés par toute la France à la suite des votes électoraux. »

En ce qui concerne les convenances purement personnelles, on avait recours à des raisonnements machiavéliques : si le préfet sait qu'aux élections vous avez voté contrairement aux vœux du ministère, il cherchera, dès que l'occasion se présentera, à vous amadouer « par des politesses, des prévenances et des tendresses (2) ». On obtiendra donc davantage en étant indépendant qu'en affichant son ministérialisme : « Ceux dont ils sont sûrs, ils les traitent de haut en bas : « Mon cher, c'est bon, vous savez, nous comptons sur vous ; vous serez à l'heure, hein ! » ; avouez que ce rôle de machine à voter a quelque chose de dégoutant ! » B. Constant lui-même a suivi les errements de ce genre :

> Je vais plus loin : l'intérêt même des électeurs est de nommer des députés qui ne soient pas dans la dépendance du pouvoir. Voyez les

(1) Anonyme. *Aux électeurs de l'arrondissement de Saint-Malo.* Rennes, chez Vatar, 1827.
(2) A. M. M., *Lettre aux électeurs de l'arrondissement d'Avignon.* Chez Chambeau fils, s. l., 1827.

départements où l'on parle de candidats dont on redoute l'énergie et l'inflexible probité : comme les grâces ministérielles y pleuvent de toutes parts; des dettes qu'ils réclamaient en vain sont sur le champ liquidées; si ce sont eux qui doivent, on les tient quittes. Les choses se passent à la Chambre comme dans les départements; tous les bureaux, tous les cartons sont ouverts aux députés qui ne votent pas aveuglément pour les ministres, mais on ne se gêne pas avec ceux dont on est sûr. S'ils ont obtenu des grâces pour eux ou pour leur famille, on pourrait bien se croire acquitté quand ils viennent parler pour leurs commettants. (Cité par Du-LAURE, *Histoire*, VII, p. 152.)

Le « fils du pays ».

La seconde formule, qui remplace une profession de foi politique, a moins d'importance que la première : c'est celle de « fils du pays ». C'est un dérivé et un corrélatif de la notion de l'indépendance. Car on ne peut avoir confiance que dans celui que l'on connaît de longue date et dont on peut contrôler les actes les plus insignifiants. « Vous n'avez les moyens certains de vous assurer de ses qualités, dit une lettre électorale (1), qu'en le choisissant parmi les candidats qui ont avec vous des relations habituelles. » Il faut donc que le candidat « soit né dans le département, qu'il y ait toujours vécu, qu'il y soit attaché par

____

(1) X.... *Réflexions adressées à Messieurs les électeurs de Libourne.* Bordeaux, 1828, chez Faye.

11.

des liens de famille et des relations de tous les jours. » Notion bien connue en Amérique.

Le fils du pays aura ainsi un intérêt presque personnel à soigner les besoins particuliers de la localité qui l'aura élu : le fait d'être du pays devient, sans plus, une espèce de profession de foi. Ils ne savent pas encore le dire, mais ils le sentent très nettement :

> Il nous faut un député qui soit un bon homme tout rond, qui habite et cultive son bien dans notre arrondissement ; celui-là peut connaître nos besoins; il n'aura rien de mieux à faire que de parler pour nous, parce qu'en revenant au pays il verra ceux auxquels il aura fait du bien et qu'il entendrait des reproches s'il avait été négligent pour nos intérêts ; tandis que les messieurs qui font les savants, qui pérorent en faveur des nègres et des insurgés d'Amérique, n'entendent rien à nos affaires, vu qu'il n'y a point de nègres dans la Beauce et point d'insurgés dans le Gâtinais. (Un électeur beauceron. *Réponse à M. Laisné de Villevêque.* Orléans, s. d. (1824?), Impr. de Darhault-Maurant.)

Un autre polémiste attaque la candidature de l' « étranger » proposé par le ministère, avec non moins d'humour. « Et vous ne voudriez pas, au moins, que je connusse le visage du mandataire entre les mains duquel je me sens porté à déposer la plénitude de mes droits? Vous ne voudriez pas que chacun pût lui adresser un seul mot d'encouragement et d'estime? » Si vous pouvez —

s'adresse-t-il à ses adversaires imaginaires — vous passionner à froid pour un client que vous n'avez même pas entrevu, alors : « Entrez dans un comptoir ; réglez-y vos factures, et s'il vous reste un moment de loisir, écrivez votre bulletin d'électeur ainsi que vous commanderiez des balles de café à votre correspondant d'Amsterdam ou de Hambourg (1) ».

La question des origines du candidat acquiert donc, de très bonne heure, une importance capitale. Le candidat ne manque jamais de mentionner, s'il y a lieu, qu'il est « né sur cette terre de franchise et de loyauté où reposent les ossements de mes aïeux et où mes devanciers déployèrent le courage militaire et le courage civil pour le soutien de sa gloire (2) ».

Si le candidat n'est pas du pays, les premières flèches qu'on lance contre lui visent ce point si vulnérable de son armure politique. M. Pain, maire de Fervaques, était opposé à la candidature de M. Guizot. M. Pain est très catégorique :

Connaissons-nous M. Guizot? Non. Nous connaît-il? Non. Connaît-il notre pays, nos besoins, nos intérêts de localité? Non, Messieurs, il ne

____

(1) Anonyme. *Aux Finistériens.* Brest, chez Michel, 1819.

(2) Duparc Keramelin. *A Messieurs les électeurs du département d'Ille et de Vilaine.* 1828, Lons-le-Saunier, chez Gauthier.

possède rien dans ce pays, dont les besoins et les intérêts lui sont aussi étrangers que sa personne l'est au pays. Mais quel est donc ce M. Guizot? D'où vient-il? Où est-il né? A Genève (*M. Guizot est né à Nîmes, en 1787, l'auteur l'a probablement confondu avec M. B. Constant*), mais Genève est en Suisse? Oui. Il n'est donc pas Français? Non. Professe-t-il au moins notre culte? Non, il est protestant.

Mais que fait-il? Il est, dit-on, auteur-littérateur, bel esprit et doctrinaire sans doctrine.

Mais un littérateur, bel esprit, est-il un choix bien convenable pour faire des lois et protéger nos intérêts matériels?

Nous ne le pensons pas : Beaumarchais affirme que l'esprit des lettres est incompatible avec celui des affaires.

Il a sans doute donné du moins des gages de son indépendance?

Point du tout, il reçoit des traitements du Gouvernement, et même des traitements fort élevés.

Et pour quels services rendus à son pays? En quelle qualité?

Ces traitements ne sont le prix d'aucun service; il les reçoit comme littérateur. (*Questions importantes que se font en ce moment les électeurs constitutionnels des arrondissements de Lisieux et de Pont-Lévêque et qu'ils croient devoir soumettre à leurs concitoyens. Paris, chez Carpentier-Méricourt, 1830.*)

Les « étrangers » se défendent comme ils peuvent. Les uns s'efforcent de prétendre qu'un député qui n'est pas des Landes et « qui a son séjour habituel dans la capitale » pourra mieux exercer

un patronage constant en faveur de ses concitoyens que celui que ses affaires personnelles re-
tiendront en province (1). Les autres évoquent des
« naturalisations » de fantaisie : tel, ce Breton qui
affirme que « des liens sacrés par l'adoption l'unis-
sent au département du Rhône », et cela parce qu'il
a épousé une fille du Lyonnais, et est « père d'un
fils, né, comme sa mère, dans vos montagnes »,
deux raisons qui font que, « jeune de nationalité
dans ces contrées, j'ai de puissants motifs pour
être vieux d'affection pour vous (2) ».

Enfin, M. Gaëtan de la Rochefoucauld, celui qui
s'était fait nommer plus tard directeur des théâtres
de la capitale et qui, « avec une aulne », courait
sus aux jupes trop courtes des danseuses de
l'Opéra, se montre fat : « Amis, il est des
notabilités qui appartiennent à tous les départements ; heureux celui qui s'en empare (3). »

La propagande organisée.

L'histoire des organisations électorales (réunions préparatoires et comités électoraux) a été
écrite plusieurs fois ; nous nous bornerons donc à

____

(1) *Un électeur du département des Landes à ses
collègues*, 1818, chez Fain.
(2) Duparc Keramelin, sans titre, Lons-le-Saunier,
1828, chez Gauthier.
(3) Anonyme. *Qui nommerons-nous?* Bourges, chez
Souchois, 1827.

la compléter par des renseignements tirés de documents inédits ou oubliés.

Louis XVIII avait en horreur le fameux Comité directeur, l' « infernale société »; il attribuait à ses agissements tous les succès électoraux de la gauche. Or, il paraît que ce furent ses propres ministres qui, les premiers, lancèrent l'idée de centres d'action électorale. Les instructions envoyées par le ministre de l'intérieur, en janvier 1823, forment un plan d'ensemble qui n'a été, pour ainsi dire, que repris par la société « Aide-toi, le Ciel t'aidera! » :

> Pour tirer de ce concours des hommes influents tout le parti possible, il ne suffit pas d'employer chacun d'eux isolément. Il faut former auprès de vous un centre d'action qui donne l'impulsion partout, qui soit assez étendu pour embrasser en quelque sorte et pour diriger toute la masse et assez puissant pour atteindre tous les individus, pour les soumettre à la volonté commune et pour les maintenir même jusqu'aux élections de l'année prochaine dans la disposition qu'exige le bien public.
>
> C'est donc une espèce d'organisation électorale qu'il faut former, en choisissant d'abord les hommes les plus recommandables et les plus capables d'exercer sur leurs concitoyens une salutaire influence. Ceux-là vous désigneront les adjonctions utiles qu'il conviendra de faire dans le chef-lieu et les hommes qui devront former un semblable noyau dans les arrondissements. Procédant ainsi, du chef-lieu aux arrondissements, des arrondissements aux can-

tons et des cantons aux communes, vous par-
viendrez à réunir en un faisceau inséparable
toute la partie saine du corps électoral, (Ministre de l'intérieur au préfet de l'Ardèche. Janvier 1823. Archives Nationales.)

Le préfet des Ardennes, plus perspicace que son
chef immédiat, avait, du reste, prédit que les libéraux, seuls, seraient à même de profiter du plan
proposé par le ministre. Ces réunions

> ... auraient encore un autre danger dans ce
> département, Monseigneur, quelque discrétion
> que nous missions dans nos démarches. Nos
> adversaires n'y sont pas organisés eux-mêmes;
> ils obéissent bien à l'impulsion de quelques per-
> sonnes influentes, mais c'est sans réunions
> ostensibles. Si nous donnons les premiers
> exemples des réunions de cette organisation,
> nous serons imités dans l'instant et, nos adver-
> saires connaissant mieux leurs forces, ils nous
> écraseraient de leur supériorité. (Préfet des
> Ardennes au ministre de l'intérieur, 19 janvier
> 1824. Archives Nationales.)

L'administration locale ne fit preuve d'aucun
zèle pour mettre en pratique les instructions venues de Paris. Le préfet de l'Ariège écrivait que
l'établissement des comités peut avoir une certaine utilité dans les grandes villes, mais que les
départements ruraux ne se prêtent guère à cette
innovation : « Les grandes influences y sont exer-
cées par d'anciennes familles riches qui habitent
leurs terres et qui ne voudraient ni se déplacer, ni

encore moins s'adjoindre les habitants des chefs-
lieux auxquels ils ne reconnaissent aucune importance (1). » Il avait donc fortement déconseillé,
en recevant quelques électeurs conservateurs
venus pour s'entretenir avec lui, d'organiser,
comme ils en avaient formé le projet, des réunions
préparatoires. Il leur avait expliqué que « ... de
telles assemblées étaient toujours orageuses, souvent même dangereuses, parce qu'elles sont d'ordinaire formées par les prétendants passionnés et
que les amis du Gouvernement et les électeurs
sans ambition ne s'y rendent presque jamais ; j'ai
tâché de les persuader que, pour éviter la division que ces réunions pourraient faire naître dans
nos rangs, tous les hommes de bien devaient se
prononcer pour déclarer que leur choix était fait
et que leurs candidats seraient ceux du Gouvernement (2) ».

L'expérience démontra vite que ce préfet avait
raison. Une brochure relate les avatars des réunions préliminaires que les royalistes avaient
organisées à Versailles, un des centres de leur
action. Au début, on fut plein d'optimisme. « On se
réunissait chez M. de Saint-Pol, aux petites écu-
ries du Roi. Là, tous les candidats royalistes se présentaient ; on les discutait, on les sou-

---

(1) Archives Nationales, 2 mai 1823.
(2) Préfet de l'Ariège au ministre de l'intérieur,
16 février 1824. Archives Nationales.

mettait à un scrutin devant lequel s'abaissaient toutes les prétentions, même les mieux fondées. On convenait de réunir toutes les voix sur ceux qui en avaient obtenu le plus à ce scrutin préparatoire, suivant le nombre des députés à nommer; la parole, donnée et observée religieusement, prévenait l'inconvénient des divisions, l'ennui de perdre son temps, et le danger de voir des électeurs utiles s'absenter pour retourner à leurs affaires (1). »

Mais la concorde ne voulait pas s'installer dans le camp de la droite. On déposait les bulletins ; puis on commençait à se disputer au sujet de la signification du scrutin; on « brûlait l'urne sans l'avoir ouverte » ; on s'en allait chez le préfet, arbitre suprême, pour demander des instructions; on faisait circuler des bruits de désistement controuvés; et ainsi de suite, « au grand détriment de tous les amis de l'ordre ». M. Béraud, royaliste à toute épreuve (a refusé le serment en 1830), est bien affirmatif : « Dans les réunions de ce genr… les éclats de voix en dehors du diapason ordinairement en usage dans les salons de bonne compagnie se font entendre de toutes parts, de façon à donner une idée de ce qui avait dû se passer dans la tour de Babel. » Après avoir critiqué

---

(1) Un électeur de Seine-et-Oise. *Petit récit de la longue élection,* etc., chez Lachevardière fils, Paris (1824?).

une réunion où il s'agissait de combattre la candidature de Ravez à la présidence de la Chambre. Il ajoute : « Ce qui se passa dans la réunion dont je viens de rappeler la courte existence, ressemble au surplus à tout ce qui s'était passé et tout ce qui se passera toujours dans toutes les assemblées dites royalistes. J'ai fait partie d'un assez grand nombre de ces assemblées, dans le cours de ma vie politique, pour pouvoir en parler en connaissance de cause, et j'ai trouvé dans toutes, d'abord un empressement assez louable à se former ; mais, une fois réunies, j'ai bien vite remarqué dans toutes, les mêmes germes de susceptibilité, de discorde, de rivalité et par suite de dissolution prochaine (1) ».

Une décision radicale est donc de bonne heure prise par les électeurs ministériels. Puisque cette arme n'est bonne qu'entre les mains des libéraux, on se résout à en contester la légalité aussi bien que l'opportunité.

Plusieurs circonstances favorisaient cette contre-attaque de la droite.

Tout d'abord, l'opposition elle-même ne fût acquise à l'idée d'un comité directeur qu'après de longues hésitations. Ce n'est que par des échecs cuisants et successifs que les esprits furent préparés à la nécessité d'accepter des ordres venus

____

(1) *Souvenirs parlementaires*, p. 262-263.

d'un centre presque anonyme, de se plier à des
rudiments de discipline de parti, discipline qu'on
ne pouvait pas, à cette époque, contrôler par
une organisation électorale permanente et entourée de garanties. Sous ce rapport, il suffit d'indiquer que même un esprit aussi éclairé que
B. Constant avait commencé par se montrer récalcitrant à toute espèce d'ingérence collective dans
la marche des élections. Plus tard, il fut membre
fidèle de toutes les organisations de la gauche.
Mais en 1818, il n'avait pas hésité à signer les
lignes suivantes :

> Vous êtes trop éclairés pour ne pas sentir que
> si vous admettiez l'autorité des réunions qui se
> seraient formées à votre insu, vous vous expo
> seriez à recevoir l'impulsion d'une petite mino
> rité, qui présenterait à chacun de vous son opi
> nion comme l'opinion de tout le monde. Elle
> vous dirait que tout a été convenu quand vous
> ne seriez convenus de rien; que les candidats se
> sont retirés quand ils ne se sont point retirés,
> que des engagements ont été pris quand vous
> n'auriez pris aucun engagement...
>
> J'ai voulu, Messieurs, rester étranger à toute
> intrigue. Tout ce qui est loyal doit être clair,
> et je me défie de tout ce qui part d'une source
> cachée. (B. CONSTANT. *A Messieurs les électeurs
> de Paris.* Paris (1818?).

Les électeurs de moindre culture constitutionnelle ne faisaient donc que suivre un exemple
venu d'en haut quand ils s'obstinaient à contester

l'autorité du Comité directeur de Paris. Un Hâvrais ombrageux et anonyme croyait avoir trouvé le mot de l'énigme : « Mais d'où vient que le Comité de Paris nous a indiqué ce choix? Sans doute par quelque intérêt personnel au parti qui le compose. Et quel pourrait être ce motif d'intérêt personnel? Le désir d'avoir des votes qui, étrangers à tout intérêt de localité, soient à la dévotion du parti; qui, entre mille projets destructifs de l'ordre social, mais profitables aux membres du Comité, puissent tôt ou tard se réaliser, par exemple, celui de créer Paris, ville d'entrepôt. Et si Paris obtenait cet entrepôt, sans nul doute, Rouen, Le Hâvre, Honfleur, Nantes, toutes nos villes maritimes seraient ruinées. (1) »

D'un autre côté, les dispositions de droit administratif en vigueur à cette époque formaient pour toute conduite régulière des réunions électorales des obstacles presque infranchissables. On sait que le Code pénal (art. 291) interdisait toute association de plus de vingt personnes, ce qui obligeait les embryons des partis politiques — et cela, au plus grand détriment de leur activité — de ne se rassembler *qu'une seule fois* (Circulaire de la Société : Aide-toi, le Ciel t'aidera!), de « n'exister qu'un seul jour comme sociétaires et de ne laisser subsister, aussitôt revenus simples souscrip-

---

(1) Anonyme. *Questions importantes que se font,* etc. Paris, chez Constantin Méricourt, 1830.

teurs, aucune trace de votre société, sinon une réunion de vingt collecteurs ». On imagine facilement que, dans ces conditions, les centres d'action électorale étaient dépourvus de tout lien réel avec la masse des électeurs.

Dans les « papiers trouvés dans le cabinet de M. Patry, ancien chef de division (1) », sont classées les fiches de surveillance exercée autour d'un certain nombre de réunions électorales. Ces rapports étaient envoyés au ministère heure par heure ; leur insuffisance était lamentable. Mais on s'en servait pour intenter des poursuites judiciaires. Voici les fiches qui ont trait à la réunion électorale de la maison Gazzani, 19, rue de la Chaussée-d'Antin. A quatre heures, l'inspecteur annonce que son travail rencontre des obstacles. « Hier, les deux battants de la grande porte étaient entièrement ouverts, de manière que l'œil pouvait percer jusque dans la salle des réunions ; mais aujourd'hui, ils sont fermés. » « Les électeurs que nous avons abordés se montrent très réservés. » Voici, cependant, « les numéros des cabriolets bourgeois que nous avons pu relever... ». En province, la police surveillait toutes les réunions des électeurs, et les « conjurés » — impossible de leur appliquer une autre dénomination — devaient prendre les mesures de précaution les plus

---

(1) Archives Nationales, F7, 4.348, 7 avril 1828.

extraordinaires. Selon le rapport du 27 septembre 1822 (Archives Nationales), M. B. Constant avait organisé dans sa maison de campagne trois réunions électorales, « mais il était impossible de remarquer les personnes qui descendaient des voitures, car on avait eu la précaution de fermer les portes de la maison aussitôt qu'elles étaient entrées ». De plus, certains électeurs pouvaient se rendre dans une maison contiguë « qui avait une porte de communication par le jardin »; le policier avait réussi à s'introduire dans cette maison, mais il n'y apprit pas grand chose : « On n'y nomme jamais les personnes présentées autrement que *Monsieur,* ce qui paraît être un fait appris, afin de ne pas les faire connaître par les gens mêmes de la maison. »

Toutes ces circonstances facilitèrent la tâche de la droite lorsqu'elle fit déclancher, en 1828, lors de la discussion de la loi sur la permanence des listes électorales, sa contre-attaque.

On fit valoir quatre sortes d'arguments.

On se débarrassait d'abord des raisonnements tirés des pratiques constitutionnelles de l'Angleterre. Il existe dans ce pays des « hustings » tumultueux et pittoresques. Mais les naïfs sont les seuls à ignorer que le tapage qui entoure ce scrutin, à Londres et dans d'autres grandes villes, n'est en quelque sorte qu'une exception à la règle, « car partout ailleurs les élections de Grande-Bretagne

sont dominées par l'influence de la couronne et
d'un petit nombre de familles puissantes (1) ».

Le baron Haussez fut encore plus affirmatif :
« Les « hustings », ces espèces de saturnales politiques qui accompagnent les élections, ne sont
autre chose qu'un hypocrite et passager hommage
que l'aristocratie consent à rendre à la multitude.
Hors de ces « hustings », où d'ailleurs il se pourrait bien que l'on introduisit quelques faux électeurs, tout se fait par les propriétaires et par
eux (2). »

On usa ensuite d'arguments juridiques. L'opposition elle-même en était réduite à reconnaître que
la législation impériale imposait aux citoyens des
restrictions incompatibles avec l'activité des comités électoraux. Elle ne trouvait rien à répondre
aux accusations formelles de M. de Montbel (3) :

----

(1) De Pina, *Moniteur*, 1828, p. 616.

(2) *Moniteur*, 1828, p. 598.

(3) C'est presque par des faux fuyants que l'opposition justifie les « comités ». Par exemple, le général
Mathieu Dumas accusait le marquis de Pina de vouloir contrôler la vie privée des électeurs, qui se ras-
semblent dans « quelque maison particulière pour
se consulter, pour s'éclairer mutuellement ». La
droite lui riposta — avec raison — que les réunions
électorales n'avaient rien à faire avec la vie privée.
Le pauvre général ne trouva pas de réponse à cette
interruption, balbutiant encore une fois qu'il s'agissait d' « assemblées de famille ». (*Moniteur*, séance
du 9 mai 1828, p. 616.)

« Aux termes de l'article 8 de la loi du 5 février 1817, toute discussion, toute délibération leur (aux collèges) sont formellement interdites. Messieurs, une expérience récente vous a prouvé que, sans en avoir le droit, les électeurs pouvaient se réunir, qu'ils avaient été convoqués par d'autres que par le Roy, à des jours, dans des lieux, sous des présidences qui n'avaient pas été désignées par ordonnance royale (1). »

Et un autre pair de France ajoutait : « Il aurait été tenu, au sein de la capitale, une assemblée politique de plusieurs centaines d'individus, se qualifiant d'électeurs spontanément organisés sous la direction d'un président et des secrétaires de leur choix, délibérant sur divers objets de la législation, jugeant et appréciant les prétentions de plusieurs candidats à la députation, recevant leur profession de foi et leurs engagements, donnant enfin des mandats. Que penser d'un exemple si dangereux, si contagieux de sa nature, et que l'on semble pourtant vouloir donner pour règle à toute la France? (2) »

Pour frapper l'imagination des électeurs, on publiait des appels démagogiques à leur amour-propre. Comment? La liberté du vote est un des patrimoines les plus précieux de tout Français, et ces Français vont abdiquer « en faveur de quel-

____

(1) *Moniteur*, 1828, p. 552.
(2) *Moniteur*, 1828, p. 430.

ques rédacteurs de journaux parisiens leur raison, leur faculté de réfléchir et tout ce qui forme le plus noble apanage d'un citoyen»? Les listes envoyées par les gazettes « portent l'empreinte d'une présomption et d'une légèreté incroyable ». « Nous sommes indépendants ou nous ne le sommes pas. Si nous le sommes, nous ne voulons point de maîtres, et si nous voulons des maîtres, autant vaudrait-il nous soumettre au Gouvernement du Roi de France qu'à des journalistes inconnus ; autant vaudrait accepter un pouvoir régulier qu'un pouvoir irrégulier. Il y aurait du moins quelque avantage à marcher avec nos magistrats, avec nos administrateurs, avec les délégués d'un Roi dont les ancêtres ont régné sur nos ancêtres, dont les neveux doivent régner sur nos neveux ; il n'y aurait que de la honte et de la bassesse à subir le joug de quelques gazettiers que nous payons (1). »

Chaque électeur — renchérissait un pamphlétaire — prête le serment de voter pour le candidat qui lui est indiqué par son honneur et sa conscience. Il serait donc contraire à ce serment de déposer un bulletin portant un autre nom « que celui de mon libre choix et de mon intime conviction ». Or, le Comité directeur s'arroge le droit de dicter d'avance la conduite à suivre par les membres des collèges électoraux. « Aujourd'hui,

---

(1) Anonyme, sans titre. Niort, ch. Morisset, 1827.

doivent avoir lieu dans Paris les formations des
bureaux pour les élections. Le Comité directeur et
les journaux révolutionnaires ont proclamé ce
matin leurs bureaux définitifs. Nous renvoyons
donc nos lecteurs à leurs feuilles pour connaître
les ordres qui ont été exécutés ce soir dans les
bourgs-pourris (Rotten-Boroughs) du libéralisme (1). »

Du reste, les réunions électorales sont parfaitement inutiles. A quoi servent-elles? A éclairer
le choix des électeurs? Peine perdue, puisque nous
vivons « dans un temps où la lumière n'est pas
sous le boisseau »; tous les hommes politiques
« sont connus pour ce qu'ils valent »; les biogra-
phies distribuées par eux suffisent pour suppléer
à ce qu'on trouve dans le *Moniteur.*

Enfin, suprême arme de la droite, on agitait le
spectre de la révolution. « Le club des Jacobins
est rouvert »; c'est ainsi que, le 1ᵉʳ janvier 1828,
la *Gazette de France* commençait son article.
« N'est-ce pas au sein de l'assemblée électorale de
Paris qu'est née cette exécrable commune, dont
tous les pas ont été souillés de sang? Les débuts
de toutes les révolutions ne sont-ils pas astu-
cieux? Les organisateurs des premières réunions
électorales ne sont-ils pas, eux-mêmes, effrayés
par les résultats obtenus? ». « Les associations

____

(1) *Gazette de France*, 22 avril 1828.

électorales transplantent parmi nous les doctrines
et les confédérations qui ont perdu la Pologne et
font revivre l'inquisition qui a énervé Venise. »
(*Ibidem*, 12 septembre 1828.)

> On verra bientôt se former une foule de
> petites administrations secondaires composées
> de tout ce que la classe des électeurs renferme
> de désœuvrés et de mécontents et occupés sans
> cesse à harceler les autorités locales, qui ne tar-
> deront pas à perdre par ce contrôle dégradant
> toute considération et toute influence. Que l'on
> suppose à présent ces réunions partielles éta-
> blissant entre elles des rapports de correspon-
> dance et recevant peut-être la direction de ceux
> qu'elles auront choisis pour se former un centre
> et l'on ne serait pas longtemps à acquérir la
> preuve que des comités de délation à des clubs
> d'insurrection, il n'y a pas loin. (Le Comte
> DE ROUZÉ, *Moniteur*, 1828, p. 874.)

Le ministère sut résister à toutes les objurga-
tions de la droite. On sait que, dans la question
des réunions électorales, l'autorité ne crut à aucun
moment nécessaire de s'engager par une décision
de principe. Largement opportuniste, tantôt elle
interdisait aux électeurs de délibérer en commun
(à Paris, en 1828), tantôt elle informait les préfets
(circulaire de M. de Martignac du 21 octobre 1828)
que « ces réunions (c'est-à-dire tant meetings
qu'associations électorales, selon la terminologie
moderne) se trouvant en dehors de notre législation, aucune disposition expresse de nos lois ne

leur est applicable ; aucune n'a prohibé leur formation ». Il n'y a donc pas lieu de procéder contre ces rassemblements, « tant qu'ils ne troublent pas l'ordre public », formule qui laissait toute latitude au bon plaisir de l'administration.

Nous n'avons que peu de chose à ajouter en ce qui concerne les organisations électorales sous la monarchie de Juillet, laquelle combattit vigoureusement les organisations permanentes, c'est-à-dire celles qui, comme la fameuse société « Aide-toi, le Ciel t'aidera ! », entreprenaient de faire l'éducation politique des citoyens non seulement pendant les élections, mais aussi dans les intervalles entre les consultations des électeurs. Les lois de septembre vinrent facilement à bout de ces associations. Mais les comités électoraux ne furent pas plus inquiétés par les ministres de Louis-Philippe qu'ils ne l'avaient été sous la Restauration.

CHAPITRE TROISIEME

LES OPERATIONS ELECTORALES

I. — LES LISTES ELECTORALES

LES LISTES ÉLECTORALES.

Dans les chapitres précédents, nous avons examiné la situation des deux adversaires en présence : d'un côté, le gouvernement et ses agents ; de l'autre, les « particuliers », les indépendants, autrement dit « la masse des électeurs ».

A présent, il convient de montrer de quelle manière les deux camps s'affrontaient. Le choc avait deux phases bien distinctes : la préparation des listes électorales et le scrutin. Un juriste moderne serait probablement tenté de faire une objection ; de nos jours, on ne conçoit pas que la préparation des listes électorales puisse donner lieu à une lutte entre les partis ; cette séparation n'est en effet qu'une simple routine administrative.

Sous la Restauration — et cette fois, il est indispensable de tracer une ligne de démarcation très nette entre la Restauration et le régime de Juillet — grâce à des abus sanctionnés par le pouvoir, la préparation des listes électorales était, effectivement, une première passe d'armes. Ce duel se faisait dans un certain cadre juridique et le préfet devait bien se garder d'en enfreindre trop ouvertement les règles ; mais c'était tout de même une bataille où il y avait des positions stratégiques à occuper et une tactique à suivre.

Sous la Restauration, le préfet chargé de préparer les listes électorales se sentait, dans sa préfecture, comme dans une place assiégée qu'il devait défendre contre les travaux d'approche sournoisement exécutés par les ennemis du ministère. La lettre suivante du préfet du Loiret (1) n'at-elle pas toutes les allures d'un bulletin d'état-major ? « Le libéralisme... se flatte d'améliorer sa position : vingt à trente exploits (... d'huissier, selon la loi en vigueur) doivent m'être signifiés d'un instant à l'autre ; on a différé dans la vue de tomber comme à l'improviste sur le préfet et d'essayer de l'étourdir du coup. »

Du reste, l'ensemble de la situation électorale, telle que nous l'avons vue dans les deux chapitres précédents, créait pour le préfet une impossibilité

______

(1) 23 juin 1830, Archives Nationales.

de rester neutre. Il était intéressé à ce que les listes continssent le moins possible d' « antiministériels ». Le préfet de la Loire écrivait au ministre de l'intérieur, le 24 octobre 1820 : « Prévenu que des tiers ou des fondés de pouvoirs devaient demander l'inscription de plusieurs électeurs dans le sens libéral, j'ai, de mon côté, dû faire des recherches pour augmenter le nombre des électeurs royalistes ; j'ai dû provoquer leur propre demande et faire ou inviter de faire la production des pièces régulières pour être à l'abri des attaques (1). »

La législation en vigueur, d'ailleurs, facilitait singulièrement les agissements des préfets. Elle était embrouillée et compliquée, laissant la porte grande ouverte aux sophistications juridiques et, par conséquent, à l'arbitraire.

La législation sur les listes a été plusieurs fois modifiée par les ministres de Louis XVIII et de Charles X.

Nous ne nous arrêterons pas longtemps au *senatus-consulte* du 16 Thermidor, an X, remis en vigueur par l'acte additionnel du 22 avril 1815 et qui fut appliqué lors des premières élections de la Restauration. D'après ce *senatus consulte*, les listes électorales étaient complètement abandonnées à l'arbitraire des préfets qui, de plus, avaient

____

(1) Archives Nationales, Fic. III. Loire, 4.

le droit exorbitant d'ajouter aux électeurs censitaires un certain nombre de citoyens ayant rendu des « services » à l'Etat. On peut juger comment cette disposition était appliquée, si l'on parcourt quelques-unes des listes dressées par l'administration. Voici, par exemple, celle du collège de Nevers (1) (27 septembre 1816). Elle contient neuf noms : un maréchal des logis de la gendarmerie, quatre gardes du corps, un capitaine de cavalerie, un substitut du procureur, un chef de bureau au ministère de l'Etat, et un sous-chef de bureau à la préfecture. Et c'est dans les termes suivants que le préfet des Ardennes signalait ses adjonctions au ministre : « J'ai jugé qu'il était important, Monseigneur, de ne pas priver, aux élections prochaines, ce collège des avantages de cette addition : elle lui procurera dix suffrages très recommandables et qui seront parfaitement goûtés lors de la réunion (2). »

La première disposition précise sur les listes électorales, fut édictée par la loi du 5 février 1817. On remarquera combien elle est vague, surtout en ce qui concerne le droit des électeurs de réclamer contre les inscriptions irrégulières.

>   ART. 5. — Le préfet dressera dans chaque
>   département la liste des électeurs, qui sera

____

(1) Archives Nationales, F7, 4.348.
(2) Préfet des Ardennes au ministre de l'intérieur, 13 septembre 1816.

imprimée et affichée. Il statuera provisoirement,
en conseil de préfecture, sur les réclamations
qui s'élèveraient contre la teneur de cette liste,
sans préjudice du recours de droit, lequel ne
pourra néanmoins suspendre les élections.

Pendant dix ans, cet article 5 a régi toutes les
questions si compliquées découlant des listes
électorales.

La loi de 1827 amena quelques améliorations.
Elle instituait une liste des jurés, dont la première partie servait en même temps de liste électorale. D'après cette loi, le préfet dressait, au
1ᵉʳ août de chaque année, une liste des électeurs
et jurés, et cela selon les informations dont il
« disposait » à ce moment. Ces listes devaient être
affichées au plus tard le 15 août suivant. Elles
étaient « clôturées » le 30 septembre. S'il se produisait des réclamations, le préfet devait se prononcer en conseil de préfecture. Dès que les
électeurs étaient convoqués pour de nouvelles
élections, le préfet publiait un tableau de recti-
fications. Toutefois, s'il s'était écoulé plus de deux
mois depuis la clôture des listes, le préfet devait
recommencer l'opération de la publication de la
liste.

En réalité, ces dispositions ouvraient le champ
au plus énorme des arbitraires. Voici en quoi consistait le véritable guet-apens qu'elles contenaient.

Il suffisait de décréter que les élections auraient
lieu entre le *1ᵉʳ octobre et le 1ᵉʳ décembre*. Dans

ce cas, la liste originale des électeurs n'avait pas besoin d'être publiée à nouveau. Les électeurs n'avaient plus le droit de réclamer et le préfet avait les mains libres pour faire tous les retranchements nécessaires, sauf, telle était la jurisprudence, vis-à-vis des électeurs qui *avaient déposé,* avant le 1er octobre, les pièces justifiant leur inscription sur la liste. Autrement parlant, la liste publiée le 1er août n'était considérée que comme une invitation à produire les preuves de son droit à l'inscription : subtilité juridique que la plupart des électeurs ne saisissaient pas. Se voyant portés sur la liste préliminaire, ils ne se souciaient guère de produire les preuves. Or, après le 1er octobre, le préfet était libre de les retrancher, selon les renseignements (ou les doutes) complémentaires qu'il pouvait alléguer à ce moment.

A ce sujet, nous pouvons citer un document probablement unique dans les annales administratives : un rapport du préfet de l'Ardèche du 17 février 1824, dans lequel ce fonctionnaire se vante d'avoir transformé les dispositions de la législation sur les listes électorales *en piège* pour l'opposition. Le cynisme de cet aveu est révoltant. « En arrêtant les listes électorales, nous avons rejeté beaucoup d'électeurs libéraux qui n'ont pas justifié de leurs droits. Voyant que je les avais déjà portés d'office, *ils ont donné dans le piège.* La liste a, en même temps, été augmentée de la réserve d'électeurs royalistes que j'avais conservée.

Remarquons que la faculté de retrancher les noms des électeurs qui n'avaient pas produit les pièces nécessaires n'était pas un vain mot. La liste des Deux-Sèvres contenait 1.309 noms : 340 furent biffés par le préfet sous le prétexte exposé dans le paragraphe précédent.

En même temps qu'il retranchait, par de véritables coups de surprise, les électeurs de l'opposition portés sur la liste préliminaire, le préfet faisait paraître une liste des adjonctions faites par lui conformément aux nouveaux renseignements parvenus à la préfecture. Il est inutile de dire que la plupart de ces adjonctions portaient sur des électeurs de la droite. Certains préfets, prenant tout à fait au sérieux leur rôle de combattants, formaient ce que l'un d'eux (préfet de l'Ardèche, lettre du 14 février 1824, Archives Nationales, Ardèche, 4) appelait « ma réserve d'électeurs bien pensants ». « Je vais faire porter dans le troisième arrêté de rectification, une partie des électeurs que j'avais en réserve, afin que l'augmentation de liste soit moins sensible au dernier moment; l'autre partie de ma réserve sera établie lors de la clôture de la liste. »

Il ne fut mis fin à tous ces abus que par la loi du 2 juillet 1828 sur les listes permanentes. Mais cette loi ne fut appliquée qu'à la fin de la Restauration.

LES LISTES PRÉLIMINAIRES.

Donc, au 15 août, le préfet devait publier une liste préliminaire des personnes jouissant du droit de vote. Dès cette première opération apparaissaient les deux poids et les deux mesures qui existaient dans les bureaux de l'administration pour les deux classes de l'électorat : l'opposition, et les autres.

Pour les amis du Gouvernement, les portes de l'électorat s'ouvraient largement. Il a été cité à la tribune de la Chambre qu'un préfet avait inscrit sur les listes son sous-préfet, malgré l'impossibilité pour celui-ci de produire la moindre preuve d'avoir effectué un paiement. Le préfet prétendait qu'il avait « la conviction morale » du bien-fondé des assertions de son subordonné. Un arrêté du préfet avait même établi, d'après cette conviction morale, le chiffre exact du montant des contributions payées par le sous-préfet : ci 803 francs 30 centimes.

En cas de besoin, les préfets n'hésitaient pas à se transformer en hommes d'affaires, afin de procurer aux électeurs de droite les documents manquants. C'est ainsi que le sous-préfet de Verdun envoyait au préfet de la Meurthe une lettre officielle pour lui demander certains extraits des rôles se rapportant aux biens de M. de M..., « car il est important de maintenir cet électeur dans les deux collèges et d'éviter qu'il soit rayé de la liste (1) ». Le préfet du Finistère se vantait ouvertement d'avoir fait tout son possible « pour que les royalistes produisissent leurs pièces dans les délais voulus pour ne pas me mettre dans le cas d'avoir des faveurs à leur accorder ». Et il ajoutait ingénument qu'il avait fait certaines faveurs même aux libéraux : « Là où je savais d'ailleurs que ces faveurs ne pouvaient pas nuire au succès de l'élection. (2) »

Enfin, c'est encore les préfets qui s'occupaient de faire les « virements » nécessaires d'électeurs influents. Voici en quoi consistait cette opération délicate et largement employée par les fonctionnaires de la Restauration.

Avec des collèges peu nombreux, chaque voix individuelle pouvait avoir une influence décisive. L'administration, dès qu'elle s'apercevait que, dans un collège, les royalistes se trouvaient en majorité trop grande — et, par conséquent, inutile — s'appliquait à établir des listes d'électeurs susceptibles d'être transférés dans un autre collège moins favorisé. Ensuite, on procédait au *virement* de ces voix. C'est ainsi que le préfet de la Loire demandait à son collègue de l'Allier de mettre à sa disposition deux royalistes qui avaient des biens dans les deux départements et dont la présence, précieuse dans la Loire, était

---

(1) *Moniteur*, 1828, p. 213.
(2) Archives Nationales, 5 décembre 1822.

inutile dans l'Allier ; le ministre apostillait la lettre de retransmission : « Réponse très pressée (1) ». Le même département de l'Allier figure dans une autre affaire de virement, celle de M. Chevalier, conservateur des hypothèques à Versailles. En 1824, il déclara à qui de droit qu'il ne pourrait plus se rendre dans l'Allier, à cause d'une maladie grave : « Il m'en offrit, écrit le préfet (14 février 1824) une preuve authentique par une attestation des médecin et chirurgien en chef de l'Hospice. » Le préfet de Seine-et-Oise s'en fut donc demander au ministre que cet électeur lui fût « prêté » pour les élections, ce qui lui fut accordé tout de suite. (Archives Nationales, Fic. III, Allier, 3.)

Ces virements d'électeurs furent bientôt remarqués par les libéraux. Ils voulurent imiter l'exemple donné par l'administration. Mal leur en prit. Voici le récit des intrigues de l'opposition, fait par le préfet de la Loire-Inférieure, presque à la même date où son collègue de la Loire demandait le virement. « Les libéraux » sont, au collège de Nantes, dans la mesure de 300 à 350, contre 140 à 180. Dans la confiance que leur inspire une si grande disproportion, ils ont imaginé de renverser, au moyen de simples virements de domicile, leur surabondance sur les arrondissements où le nombre des royalistes est sensiblement supérieur

---

(1) Archives Nationales, 29 janvier 1824.

à celui des oppositionnels, et de changer ainsi la balance des collèges ruraux, tout en conservant une majorité décisive dans le collège nantais. Il importait donc de saisir avec attention la première occasion qui se présenterait d'opposer à ces plans de perturbations une barrière légale et insurmontable (1).

Toute différente était la situation des électeurs appartenant à l'opposition. Pour eux, le moindre défaut de forme était fatal. On leur opposait la terminaison de leur nom en i ou en o, une syllabe anglaise ou allemande : « Vous devez être étranger ! », leur disait-on. Votre acte de naissance constate à la vérité que vous êtes né en France, mais rien ne prouve que votre père ou ses auteurs soient Français : « Démontrez-nous leur nationalité! » Un Jean-Pierre se voyait refuser l'inscription parce que les extraits de rôles fournis par lui parlaient de Pierre-Jean ou de Pierre tout court. A Paris, un Chrysosthome était repoussé parce que son extrait ne contenait pas les deux h. On peut multiplier à l'infini ces exemples. Qu'il nous suffise d'indiquer que le préfet de la Dordogne avait été pris la main dans le sac, car son employé, en remettant à un électeur de l'opposition l'arrêté qui rejetait son inscription sur les listes électorales, avait remis, par mégarde, une

____

(1) Archives Nationales, Loire-Inférieure, 3; 27 janvier 1824.

fiche épinglée à la demande et ainsi conçue : « A vérifier avec soin; votera pour **M. Beaumont** » (candidat de l'opposition). (Lettre confidentielle du préfet de la Dordogne au ministre de l'intérieur, du 16 janvier 1828, Archives Nationales, Dordogne, 5). Citons aussi la requête adressée au ministre de l'intérieur lui-même par le chevalier Bouquet d'Espany (1), le 29 octobre 1822. Las de ne pas pouvoir se faire expliquer ce qui manquait aux certificats déposés par lui, M. Bouquet s'en alla chez le préfet, déposa encore une fois un des multiples extraits du rôle et pria le fonctionnaire de lui parapher *ne varietur :* « pour me pourvoir devant qui de droit ». Le préfet refusa de rendre l'extrait en motivant ainsi son action : « Comme vous vous proposez de réclamer contre la décision qui a été prise, le conseil de préfecture a besoin de rester nanti des pièces sur lesquelles il a jugé, pour pouvoir y puiser ses moyens de défense. » Or, on ne pouvait pas se plaindre *sans produire* en même temps la pièce rejetée par le préfet.

Parfois, les défauts de forme étaient créés par l'administration elle-même. Par exemple, tout extrait des rôles des contributions directes devait être certifié, s'il provenait d'un département autre que celui de la liste électorale, par quatre fonctionnaires : le percepteur, le maire, le sous-préfet et le préfet. On s'imagine combien de démarches

---

(1) Vaulabelle, *Histoire,* VII, p. 4.

et° de déplacements cette série de légalisations signifiait, surtout si on pense que ces fonctionnaires pouvaient se trouver dans quatre endroits différents et que les chemins de fer n'existaient pas encore à ce moment. Ces pratiques étaient tellement répandues qu'on les mettait même en vers :

> D'avoir ses extraits de rôles
> Je sais qu'il n'est pas aisé ;
> On exige vingt contrôles,
> Jamais on n'a tant visé.
> Je vais, j'insiste et retourne,
> On m'écarte et on m'ajourne.
>
> J'ai passé la soixantaine,
> Mes enfants sont établis ;
> J'offre la preuve certaine
> Que j'ai trente ans accomplis.
> Il manque à la signature
> Le sceau de la Préfecture.
>
> Or, tandis que je m'alarme
> Sur les pièces qu'il me faut,
> Mon voisin, par gendarme,
> A reçu tout ce qu'il lui faut...

Mais cela n'est pas tout. Le préfet refusait de recevoir les gens qui avaient besoin de sa signature : quels moyens avaient-ils pour le forcer à se rendre à son bureau? « On se présente aux portes de la préfecture : elles sont fermées. Des avocats, des notaires s'y présentent aussi, munis de dossiers : ils n'y trouvent que la femme du concierge.

13.

Ils demandent le préfet. Il est absent. M. le secrétaire général? Il fait ses vendanges. MM. les conseillers de préfecture? Ils ne siègent pas (1). »

Finalement, on réussit à déposer les pièces à la préfecture. Elles sont retournées non visées. La raison?

> M. de Béranger avait présenté ses pièces à la légalisation, mais elle lui fut refusée. Le préfet les lui renvoya avec la lettre suivante :
>
> « Valence, le 24 janvier 1828.
> « Monsieur, j'ai l'honneur de vous renvoyer les pièces que vous avez déposées hier chez moi. Je ne crois pas pouvoir les sanctionner dans leur contenu par l'apposition de ma signature. J'en déduirai les motifs devant qui de droit si cela est nécessaire.
> « J'ai l'honneur, etc.
>
> « Signé : DE COTTON. »
> (PATAILLE, *Moniteur*, 1828, p. 193.)

Du reste, il serait naïf de supposer que ces pratiques fussent le résultat d'un excès de zèle de quelques fonctionnaires subalternes. Un document qui, par mégarde, a échappé aux hécatombes qui se faisaient après chaque élection, contient des instructions précises sur les méthodes à employer vis-à-vis des électeurs de l'opposition. C'est une lettre du ministre de l'intérieur au préfet de l'Aisne (janvier 1823) :

____

(1) ÉTIENNE, *Moniteur*, 1828, p. 216.

Mais s'il convient de ne pas refuser ce qui est juste même à ses adversaires, l'impartialité ne saurait aller jusqu'au point de favoriser, ou même d'accueillir leurs prétentions lorsqu'elles ne sont pas fondées sur des titres légalement incontestables. Ainsi dans le travail que vous aurez à faire, la loi sera pour tous, mais non pas cette condescendance qui va au devant des difficultés pour les aplanir. Tout ce qui n'est point obligation pour l'autorité, tout ce qu'elle fait d'office et en quelque sorte par assistance, vous pourrez, vous devrez même le faire pour des gens de bien, c'est-à-dire pour les amis de l'ordre et de la monarchie. Une justice rigoureuse est tout ce que l'on doit à une opposition qui ne prend pas même la peine de cacher son intention sordide (1).

Serait-on étonné d'apprendre, après tous les développements qui précèdent, que certains libéraux en étaient réduits (fait certifié par le préfet de l'Ardèche, lettre au ministre de l'intérieur du 14 février 1824, Archives Nationales, Ardèche, 4) « d'aller répéter devant des royalistes qu'ils seraient disposés à voter pour les candidats du Gouvernement, et cela afin que l'on fît moins de difficultés pour leur admission sur les listes »?

LES LISTES DÉFINITIVES.

Comme nous l'avons indiqué plus haut, les listes préliminaires pouvaient donner lieu à des protestations de ceux qui croyaient pouvoir contester les titres des personnes qui y étaient inscrites. Mais ce droit de protester était rendu presque illusoire par les pratiques administratives de cette époque.

Pour pouvoir protester contre les inscriptions de faux électeurs, il faut, tout d'abord, avoir entre les mains la liste électorale. Or M. B. Constant indiquait du haut de la tribune parlementaire, en 1828, que « les listes étaient soigneusement cachées, et il y avait dans les bureaux menace de destitution si le secret était trahi (1) ». On interdisait aux électeurs qui avaient pu se procurer un exemplaire de la liste de publier ce précieux document et de le vendre au public (2).

Mais les vraies difficultés ne faisaient que commencer quand on s'était procuré, d'une façon ou d'une autre, la liste complète des électeurs. Pour être valable, l'inscription de chaque électeur devait reposer sur un ensemble d'impôts directs payés par lui. Par conséquent, celui qui voulait attaquer une inscription frauduleuse voyait se dresser devant lui le problème le plus épineux qui pût embarrasser un juriste : il avait à prouver que l'électeur en question ne payait pas la somme indiquée par la liste, c'est-à-dire qu'il avait à fournir la preuve d'un fait purement négatif. Remarquons que les impôts payés sur l'ensemble du territoire de France et même de ses colonies, pou-

______

(1) *Moniteur*, 1828, p. 624.
(2) M. DE TRACY, *Moniteur*, 1828, p. 624.

vaient être totalisés par l'électeur ; or, les listes ne
donnaient que la somme brutale sans aucun détail : et les préfets refusaient systématiquement
de communiquer aux tiers les pièces et les titres
sur lesquels reposait l'inscription attaquée. L'administration considérait « qu'elle ne doit, de son
propre mouvement, faire de ces sortes de communications à quiconque les réclamerait et moins
encore obtempérer à des injonctions qui lui
seraient adressées par des particuliers pour les
obtenir (1) ». Les éléments dont l'ensemble formait
la somme payée, soi-disant, par l'électeur, devaient être, pour les tiers, un secret absolu. Tout
aussi secrets étaient les renseignements qu'on
aurait pu chercher dans le département. Car les
percepteurs ne communiquaient les extraits des
rôles des contributions directes que sur la demande du contribuable lui-même ou avec autorisation expresse de l'autorité supérieure, c'est-
à-dire du préfet, donc du fonctionnaire qui n'avait
aucun intérêt à faire établir des documents qui
serviraient ensuite à attaquer ses propres déci-
sions. « Dès la formation des listes, le préfet avait
défendu de communiquer, même aux élec-
teurs, aucune cote qui ne leur serait pas personnelle (2). »

---

(1) *Moniteur*, 1828, p. 218.
(2) Anonyme. *Aux électeurs de la Haute-Loire*,
1827, chez P. B. F. Clet.

On se demande, dans ces conditions, comment les libéraux s'y prenaient pour attaquer les inscriptions frauduleuses, et combien formidables devaient être les abus qu'on réussissait, finalement, à faire casser.

D'ailleurs, jusqu'en 1828, le droit des tiers de protester contre les inscriptions fausses était contesté par toute la droite de la Chambre. Selon M. Rougé, le principe fondamental, dans cette matière, était qu'à l'autorité seule appartenait le droit de veiller à l'intérêt commun : « Dès qu'on transformait les tiers en une espèce d'accusateurs publics, mille individus par département devenaient légalement chargés de se dénoncer les uns les autres (1). » Le vicomte de Castelbajac allait encore plus loin : « Sous le prétexte d'une faculté que chacun est libre d'exercer ou de ne pas exercer, personne ne se trouvera plus à l'abri des investigations de la jalousie et de la haine. La calomnie pourra porter le trouble dans les familles et dévoiler des arrangements qui devaient demeurer secrets, au nom de la liberté électorale; les preuves se multiplieront en sens contraire; vos droits seront examinés, l'état de vos affaires mis au grand jour... Si l'on ne veut apporter l'inquiétude dans les familles et rendre odieuses les fonc-

____

(1) *Moniteur*, 1828, p. 873,

tions d'électeur, il faut renoncer à l'investigation des tiers (1). »

Il serait fastidieux d'énumérer les vexations auxquelles étaient sujets ceux des libéraux qui, sans protester contre les malversations des préfets, ne demandaient qu'à être inscrits sur les listes selon leur bon droit. Un seul exemple suffira pour donner une idée des embûches auxquelles étaient exposés les requérants même de très bonne foi. Le préfet de l'Hérault voulait à tout prix se débarrasser d'un électeur désagréable pour le ministère. Cet électeur, M. Germain Pellet, propriétaire des mines et verreries du Bousquet, fut invité à prouver — on ne le croirait pas, si toute la correspondance relative à cet incident burlesque n'avait pas été publiée — à prouver qu'il *n'avait pas vendu* une des propriétés figurant dans le rôle des contributions :

> Monsieur, vous m'avez demandé d'être inscrit sur la première partie de la liste électorale du jury. J'ai l'honneur de vous informer qu'il manque au conseil de préfecture, pour éclairer la décision qu'il doit prendre à votre égard, d'avoir connaissance de l'acte en vertu duquel vous avez concédé votre propriété.
>
> Agréez, Monsieur, l'assurance de ma considération distinguée.
>
> *Le Préfet, maître des requêtes,*
> CREUZÉ DE LESSER (2).

____

(1) *Moniteur*, 1828, p. 874.

(2) G. PELLET, *Contestation des droits électoraux*, 1828, Montpellier, Imprimerie J. M. Aîné,

M. Pellet eut beau protester, en indiquant que
« nul n'est tenu de produire contre soi-même »,
la cour se déclara incompétente et il ne put exercer ses droits d'électeur.

Restaient enfin les cas extraordinaires, c'est-
à-dire ceux où le préfet, malgré toutes les astuces
employées par l'administration, ne parvenait pas
à éliminer un électeur désagréable au régime. A
ces cas extraordinaires, on appliquait la brutalité
pure et simple. Laissons la parole au préfet de
l'Oise :

> Une illégalité apparente a été faite par le rejet
> d'une production; elle est unique, et loin que je
> cherche à m'en excuser, je m'en félicite; le con-
> seil de préfecture n'en repoussera pas l'hono-
> rable solidarité; un homme, un vieillard qui ne
> devrait chercher qu'à faire oublier son exis-
> tence et son crime, *Isoré, le régicide,* me fit
> apporter ses pièces, qui étaient fort en règle;
> j'appris qu'à chaque élection il en faisait autant,
> qu'à chaque élection aussi, le conseil de pré-
> fecture les lui renvoyait, sans daigner lui faire
> de réponse. Cette tradition fut encore suivie
> cette fois et, sur une signification faite par mi-
> nistère d'huissier, je dis à cet officier public que
> si le sieur Isoré persistait dans sa prétention, je
> devrais le signaler comme régicide, pour éviter
> aux électeurs qui pourraient ignorer ses affreux
> antécédents de souiller à leur insu leurs bulle-
> tins d'un nom odieux, soit comme candidat, soit
> comme membre de bureau. Je n'en entendis
> plus parler, et je le dirai hautement, sans
> craindre d'être désavoué, personne, que je

sache, du département de l'Oise, ne réclamera
contre cette décision. Préfet de l'Oise au ministre de l'intérieur. Confidentielle, 9 février
1828. Archives Nationales.)

LES LISTES ÉLECTORALES APRÈS 1830.

Nous avons déjà indiqué que la question des
listes électorales se pose, sous la monarchie de
Juillet, tout autrement que sous la Restauration.
Dès le mois de juin 1831, le Gouvernement cherche
à tranquilliser l'opinion publique, et cela dans la
forme la plus solennelle. Le roi lui-même, lors de
son voyage dans les Vosges, prononce une allocu-
tion consacrée au système « qui a renversé le Gouvernement déchu (1) ». Avec beaucoup de force, le
monarque indique que « rien n'est plus important
que de s'abstenir totalement de ces fraudes par
lesquelles on a détruit la confiance. Il faut que
l'administration montre de la loyauté et de la droi-
ture et surtout que, sous aucun prétexte, elle ne se
mêle jamais de ce qui ne la regarde pas, car elle
doit toujours respecter l'indépendance individuelle de tous les Français. »

Cette directive royale a été fidèlement observée
par tous les cabinets de la monarchie de 1830. « Sa
volonté (du Gouvernement) — annonce Guizot le
3 mai 1831 — est avant tout que les lois soient

____

(1) *Moniteur,* 21 juin 1831.

exécutées avec une rigoureuse impartialité, avec une loyauté irréprochable. Aucun intérêt public ne doit être sacrifié à un calcul électoral; aucune décision administrative ne doit être puisée dans d'autres motifs que dans le vrai, le juste, le bien commun ; les opinions ne doivent être jamais prises pour des droits; enfin, l'indépendance des consciences doit être scrupuleusement respectée. Le secret des votes est sacré. »

« Je ne veux ni fraudes, ni manœuvres condamnables », écrit au préfet des Basses-Alpes le ministre de l'intérieur, le 3 juin 1834 (1). « Il ne s'agit plus aujourd'hui de ces fraudes électorales si honteuses et si justement reprochées à la Restauration. Ces fraudes sont devenues heureusement impossibles, car ni les lois ne les permettent, ni le Gouvernement ne les demande, ni les préfets ne seraient capables de s'y prêter (2). »

« Nous ne verrons plus — disait avec fierté le *Constitutionnel* — renaître les hideux scandales de ces faux administratifs qui eussent conduit aux galères un simple citoyen et qui, alors, passaient à peine pour de simples peccadilles dans les officines ministérielles. »

----

(1) Archives Nationales, Basses-Alpes, Fic. III, 3.
(2) Ministre de l'intérieur au préfet du Jura, 28 avril 1834. Archives Nationales, Fic. III, 5.

II — LE SCRUTIN

LE SIÈGE DU COLLÈGE.

Le collège électoral se rassemblait dans la ville désignée par le Gouvernement. En règle générale, c'était le chef-lieu. Mais cette règle n'était pas toujours exactement suivie. Si le chef-lieu s'obstinait à mal voter, on choisissait une autre ville, considérée comme mieux pensante. A un certain moment, on avait soulevé, au ministère, la question de savoir s'il ne convenait pas, pour paralyser l'influence des libéraux des Bouches-du-Rhône, de transporter le siège du collège de Marseille à Aix. Mais on craignait qu'à Aix le parti libéral trouvât un essor nouveau, « car dans cette ville, il est d'autant plus inflammable que l'aristocratie y est plus déraisonnable ».

Pour les villes de moindre importance, on se gênait moins.

Dans le Gers, on envoya tous les électeurs d'une sous-préfecture voter dans un petit bourg situé à l'extrémité de l'arrondissement ; quand les libéraux, bravant les intempéries du mois de février et les routes « de traverse » impraticables en cette saison, arrivèrent à Eauze, ils trouvèrent toutes les auberges louées d'avance par le sous-préfet et mises à la disposition des royalistes ; les vieillards furent recueillis par quelques habitants bénévoles ; les autres durent s'installer dans des tentes et des greniers.

Dans l'Aisne, où il était question de transférer le collège à Guise, le ministre ne refusa son assentiment que parce que le préfet ne pouvait pas lui garantir le succès : « A défaut d'un tel espoir, ce serait nous exposer à ce que la défaite ne devînt plus évidente. » (Archives Nationales, 9 janvier 1826.)

LA PROPAGANDE DE DERNIÈRE HEURE.

Nous avons déjà parlé, dans le chapitre II, du caractère mondain et placide de la propagande épistolaire qui remplissait les quelque trente jours que durait, ordinairement, la campagne électorale. Les derniers sursauts de cette propagande, à la veille et pendant le scrutin, n'étaient pas beaucoup plus mouvementés. Les bagarres de 1831, à Paris, constituent une exception : les élections n'intéressaient, en somme, qu'un cercle très restreint de citoyens...

La presse était enchaînée d'abord par la censure, ensuite par les lois de septembre. Si on dépouille les journaux de province, on a peine à croire, surtout pendant la Restauration, qu'on est en présence d'élections générales, tellement peu de place est consacrée aux candidats et au scrutin (1). A Paris et surtout vers la fin du régime,

(1) Au hasard, citons la totalité des articles politiques qui ont paru dans le *Journal de l'Aisne* et le *Journal du département de la Creuse* lors des élections générales de 1816. *Le Journal de l'Aisne*. Un seul numéro traite de la question des élections de 1816 : c'est le numéro 1.156 du 10 septembre 1816. Il commence par l'ordonnance royale du 5 septembre 1816 sur la dissolution de la Chambre et les nouvelles élections. Ensuite vient un grand éditorial sur deux colonnes. Il se rapporte à la meilleure façon de sauver les récoltes et d'en préserver les plus précieuses du danger de la moisissure. Le reste du journal est occupé par un article de quatre colonnes, intitulé : « Extrait des registres de la mairie de la ville de Soissons du 26 août 1816 » et relatant comment le maire de Soissons, « en grand costume », a assisté à la messe « dite à l'occasion de la fête de Saint-Louis ». Cette information si importante clot le journal.

Un peu plus explicite est le *Journal du département de la Creuse*. L'ordonnance avait pris pas mal de temps pour arriver à la préfecture. Quarante-huit heures après sa publication à Paris, le rédacteur en chef n'avait trouvé, le 7 septembre, aucun autre sujet à traiter dans son leader que la question d'un orage qui avait passé au-dessus de Bannancourt. Il paraît qu'un habitant de cette ville courut avec son fils à l'église pour conjurer la foudre en sonnant les cloches : « usage que l'autorité proscrit, explique le journal, et que la raison condamne parce qu'il est évident qu'ouvrir la nue au moyen de la vibration de l'air, c'est donner un passage à la matière fulminante ». Du reste, la foudre n'a pas manqué de tomber sur l'église en question : « Le tonnerre, attiré par la sonnerie », projeta les deux malheureux, et

l'agitation se réflétait, dans les journaux, avec un peu plus d'abondance et de continuité; mais toute cette polémique de presse, académique, posée et réservée, n'a rien de comparable aux excès auxquels nous sommes habitués à présent.

Le reste de la campagne de dernière heure était à l'avenant. A cette époque, un préfet, chargé de renseigner le ministre sur l'état de « l'esprit public », considérait de son devoir d'envoyer de longues lettres où il annonçait (1) que « tout est

---

il s'en fallut de peu que leur asphyxie ne fut complète. Ce n'est que le 14 septembre que le journal (numéro 37) publie la proclamation royale, sans commentaires de quelque sorte que ce soit. Sept jours après, dans le numéro 38, nous trouvons, tout à fait à la fin de la mise en pages, un minuscule filet intitulé : « Variétés sur les collèges électoraux », à peine vingt lignes.

« Le suffrage de l'homme probe, qui aime sa patrie, doit contribuer à ne faire appeler à la Chambre des députés que ceux qui se sont distingués par leur amour de l'ordre, leur fidélité inaltérable à la cause royale, leur esprit de modération et leur volonté ferme de seconder les vues paternelles de notre monarque, en lui aidant à faire notre bonheur. »

Ensuite, le 19 octobre 1816, nous lisons le discours prononcé par M. Tixier de la Chapelle au collège électoral de Bourganeuf et, le 26 octobre, une liste des députés élus dans toute la France. On voit que la campagne électorale n'avait pas été plus compliquée dans la Creuse que dans l'Aisne.

(1) Archives Nationales, F7, 4.348, Gers, 15 septembre 1816.

tranquille dans ce canton, et le seul fait dont j'aie connaissance est que les ennemis du Gouvernement sont grandement soupçonnés de recevoir leur courrier le samedi de chaque semaine. On les voit ce jour dans une grande agitation, et le dimanche leurs femmes vont transmettre les nouvelles aux affiliés ».

Les moindres potins de café faisaient l'objet de rapports envoyés au ministre, et le ministre trouvait le temps d'ordonner une enquête. « Un de Messieurs les députés étant chez un cafetier, M. Longuet, à Caen, s'adressant au garçon pour lui demander du café, dit : « Constitutionnel, apporte-moi du café ». Ce jeune homme, étonné de l'épithète, lui répondit tout de suite : « Monsieur l'exagéré, je vais vous servir (1) ».

Les allées et venues d'une femme qui s'avisait de travailler en faveur de son mari produisaient l'effet d'une bombe : « Mme de Vitrolles est venue à Gap et, tout à coup, elle a fait des démarches très-vives pour former à M. de Vitrolles un parti qu'elle se flattait d'accroître d'électeurs divisés d'opinion, mais qui devaient, disait-elle, se réunir sur ce point qu'il ne fallait pas nommer le candidat présenté par le Gouvernement. La conduite au moins bizarre et l'exaltation de cette dame lui ôtant toute considération personnelle, ses pro-

---

(1) Archives Nationales, F7, 4.348, Calvados.

messes, ses jactances ont été bientôt appréciées.
M. le président et moi, nous nous étions consultés
pour prévenir toute tentative de troubler le bon
ordre (1). »

Un sous-préfet signalait comme « diaboliques »
les petites ruses des libéraux :

> Le premier triomphe remporté par les roya-
> listes faisant craindre à juste raison aux libé-
> raux qu'il n'auraient pas gain de cause, ils
> mirent à profit la nuit du 25 au 26 pour faire
> jouer les ressorts, les ruses les plus diaboliques,
> afin de grossir leur parti et essayer de se former
> une majorité. A cet effet, des agents furent en-
> voyés par eux chez les électeurs libéraux, soit
> de mon arrondissement, soit de l'arrondisse-
> ment de Vouziers, qui n'avaient pas encore paru
> à Rethel, afin de passer leur arriéré. D'autres
> agents se rendaient dans les maisons où se
> trouvaient logés les différents électeurs, les fai-
> saient sortir avec eux sous différents prétextes,
> et finissaient par les emmener dans un local
> composé de deux grandes pièces, que M. de la
> Tour du Pin, leur candidat, avait loué à cet
> effet dans la maison d'un homme mal famé qui
> est en fuite pour dettes; dans la première des
> pièces, on donnait à boire et à manger à ceux
> que l'on amenait, et après leur avoir servi force
> breuvages, tels que bière, liqueurs, punch, etc.,
> on les entraînait dans la pièce prochaine, dans
> laquelle était une table garnie d'un registre, de
> papier, de plumes et d'encre; les chefs de parti

____

(1) Archives Nationales, Fic. Hautes-Alpes, 3. Préfet des Hautes-Alpes, 21 septembre 1817.

terrorisaient les électeurs, et par les prières ou par les menaces, on cherchait à leur faire signer un serment par lequel ils s'obligeaient à donner leurs voix à M. de la Tour du Pin. (Sous-préfet de Rethel au ministre de l'intérieur, 28 février 1824. Archives Nationales, Ardennes, 4.)

Un candidat était signalé au ministre : « Rien ne lui coûte pour réussir; il s'est rendu jusqu'à la foire de Tarascon et il a demandé par anticipation des suffrages (1). »

Très souvent, du reste, le candidat ne jugeait même pas nécessaire de se déplacer et de prendre part à la campagne électorale. Ses amis politiques s'en chargeaient. Nous avons à citer dans ce sens une curieuse série de déclarations faites par Guizot.

En janvier 1830, Guizot briguait une élection dans le 4ᵉ arrondissement du Calvados (Pont-l'Evêque et Lisieux). A cette époque, on n'allait pas à Trouville en deux heures d'agréable voyage. Le célèbre savant ne jugea donc pas utile de faire un long déplacement. Il se contenta d'envoyer quelques ballots d'une brochure (2) et de promettre solennellement à ses commettants de se rendre, aussitôt élu, dans leur département, afin

----

(1) Archives Nationales, Fic. Ariège, 11 oct. 1816.

(2) *A Messieurs les électeurs du collège du quatrième arrondissement électoral du département de Calvados.* Paris, janvier 1830, chez H. Fournier.

do pouvoir étudier sur place « les intérêts agricoles et commerciaux ».

Guizot fut élu à une forte majorité. Alors, il se contenta d'annoncer aux Calvadosiens qu'il n'abandonnait pas le projet d'aller se rendre parmi eux « pour bien m'instruire des moyens de servir les intérêts spéciaux de votre département (1) ». « Seule, l'approche de la session m'interdit une satisfaction si complète. Mais ce qui est remis n'est pas perdu : dès que cette session sera terminée, j'irai chercher vos encouragements et vos conseils. » Surviennent la prorogation et la dissolution : autant d'événements qui « empêchent » M. Guizot d'aller voir ses électeurs. Nouvelles élections. Voici l'occasion d'exécuter les promesses tant de fois données. Cette fois-ci, c'est pour des considérations de haute morale politique que M. Guizot renonce, à son corps défendant, au bonheur de revoir Lisieux. « Il vous convient, je pense, que dans les élections prochaines, votre choix... soit, comme naguère, étranger à toute démarche, à toute considération personnelle... Je renonce donc en ce moment au voyage que je me proposais de faire dans votre arrondissement. » Mais — air connu — « je pense avec joie que, si vous me faites l'honneur de me conférer de nou-

____

(1) *A Messieurs les électeurs du collège du quatrième arrondissement électoral de Calvados.* Paris, s. d. (probablement en mai 1830), chez Fournier, p. 1.

vœu la mission que je tiens de vous, je pourrai aussitôt, et avant l'ouverture de la session, aller vous voir, vous remercier et puiser auprès de vous les lumières dont j'ai besoin pour acquitter la dette que j'ai contractée avec vous ». Et il ajoute avec force : « Rien ne retardera plus alors l'accomplissement de mon devoir. »

L'administration faisait tout son possible pour ne pas laisser aux électeurs le temps de se concentrer, de discuter les candidatures, de se préparer sérieusement aux élections. Voici, par exemple, une lettre du sous-préfet de Brest, adressée au ministre, le 15 mars 1819, et portant l'apostille ministérielle : « Cela paraît fort judicieux ». Il était question, dans cette lettre, d'une troupe de comédiens qui servirait à « combler les loisirs » des électeurs :

> La troupe de comédiens devait quitter Brest avant les élections, l'année théâtrale étant finie. J'ai pensé qu'il était nécessaire de la retenir jusqu'à ce moment, mais je n'ai pu y réussir qu'en promettant au directeur de lui faire accorder une indemnité de six cents francs, somme qui peut être prélevée sur les fonds pour dépenses imprévues du département ou même sur ceux de la ville de Brest. J'en ai rendu compte à M. le préfet, qui, je présume, adoptera la même proposition, vu surtout que, lors des dernières élections, son prédécesseur jugea un spectacle tellement nécessaire qu'il fit venir une troupe de comédiens de Rennes à Quimper.

De réunions publiques, il n'y en avait généralement point. S'il y en eut, ce fut certainement sous le couvert du plus grand secret.

Pendant la campagne électorale de novembre 1816, le sous-préfet de Brioude (Haute-Loire) signalait une agitation sans précédent dans la petite ville. « A aucune époque de la Révolution les intrigues n'ont été plus populaires, ni plus menaçantes, ni plus révoltantes que celles qui ont commencé (1). » La situation paraissait au sous-préfet si grave qu'il crut devoir enfreindre les règles de la hiérarchie administrative et envoyer un rapport confidentiel au ministre de l'intérieur. « Depuis quelque temps, on remarquait une grande agitation dans les esprits; des hommes dont l'attitude dans le monde était celle d'une soumission rigoureusement calculée, quittaient leur retraite et se montraient en public avec une hilarité et une arrogance affectée (2). » Un avocat, Grozé, est surtout signalé par la police. Cet homme s'encanaille avec des savetiers, un horloger et un cabaretier. « Il s'afficha par une popularité crapuleuse et par des fureurs ridicules. » Depuis quinze jours, il établit sa demeure aux coins des rues et s'efforce de se

---

(1) Archives Nationales. Sous-préfet de Brioude au préfet de la Haute-Loire, 17 septembre 1816. Haute-Loire, élections 3.

(2) *Ibidem.* Sous-préfet au ministre de l'intérieur, 27 septembre 1816.

créer une clientèle parmi le parti des furieux, en préparant sa candidature « qui deviendrait un scandale public, un outrage pour le Roi et une insulte pour le ministre ». La veille de l'élection, il a poussé son audace jusqu'à organiser des réunions ouvertes, où les mensonges les plus effrontés étaient racontés par ledit Grozé. « Il annonçait la destitution du sous-préfet, du maire, du commandant de la garde nationale; tous les bannis auraient été rappelés ; le régicide Maignet serait depuis quatre jours à Ambert; Mgr le comte d'Artois aurait tenté d'empoisonner le Roi; Mme la duchesse d'Angoulême serait exilée... Ma plume se refuse à retracer ces dégoûtants blasphèmes. »

Ce tableau est assez bien brossé pour inquiéter un ministre. Or, le même dossier contient le rapport du commissaire de police de Brioude, spécialement chargé par le maire de surveiller les agissements de Grozé. Le commissaire avait fait suivre tous les déplacements de Grozé. Il lui était donc possible de donner même des chiffres. Il y eut, en tout, à Brioude, trois « assemblées » dans lesquelles Grozé « avait cherché à influencer les élections pour faire envoyer à Paris des hommes diffamés par l'opinion publique ». Toutes ces assemblées eurent lieu le même jour, la veille des élections : sept personnes prirent part à la première, huit à la deuxième, huit aussi à la troisième, qui fut tenue à neuf heures du soir, à l'hôtel de la Promenade. « Au reste, ajoute ingénument le commissaire, notre ville est dans une disposition très tranquille. »

Il avait donc suffi que vingt-trois personnes,
probablement les mêmes dans les trois réunions,
se trouvassent dans trois cafés différents de
Brioude, pour que le sous-préfet fut à ce point
alarmé qu'il adressât confidentiellement un rapport au ministre, sans en aviser le préfet.

Il va sans dire que, sous la monarchie de Juillet,
les réunions se font, surtout à Paris, plus fréquentes et moins secrètes, mais ce ne sont que des
conciliabules de privilégiés.

On ne saurait non plus parler, à cette époque,
de violences électorales.

Les préfets devaient informer le ministère des
moindres perturbations de l'ordre public. Or, dans
les innombrables dossiers « Elections » des Archives Nationales, c'est à peine si l'on trouve une
dizaine de rapports sur les troubles pendant la
campagne électorale et les scrutins. Et encore ce
sont des incidents si insignifiants que l'on s'étonne
de l'émoi manifesté par l'administration. Le préfet des Pyrénées-Orientales avait fait ouvrir une
instruction judiciaire contre M. Arago pour faits
d'intimidation des électeurs; il espérait que la
cour royale « ferait ressortir le véritable caractère de ces agissements (1) ». Tout ce que cet

____

(1) Archives Nationales, Pyrénées-Orientales. Préfet au ministre de l'intérieur, 13 avril 1846,

administrateur zélé pouvait reprocher au candidat de la gauche était d'avoir pratiqué le système d'intimidation des électeurs « par le spectre du peuple ». « Il a dit, le jour de son arrivée à Perpignan, que le peuple le verrait échouer avec peine. » Il a défié les électeurs « d'oser se mettre en opposition avec le peuple ». « Ce système a produit les plus désastreux résultats. »

Dans le même temps, le préfet de la Marne envoyait un rapport circonstancié sur les « graves » événements qui s'étaient produits dans une sous-préfecture :

> Toute la nuit, des groupes d'ouvriers, d'hommes vêtus de blouses, ont parcouru la ville, s'arrêtant devant les maisons des chefs du parti conservateur, tels que MM. P..., chantant la *Marseillaise* et criant « Vive Léon Faucher! », et : « A bas! » pour chacun de ces messieurs, en joignant à leurs noms les plus grossières injures. Ils sont demeurés ainsi pendant des heures entières devant la sous-préfecture, en faisant les mêmes démonstrations, en criant : « A bas le sous-préfet ! ». (Préfet de la Marne au ministre de l'Intérieur, 16 août 1846. Archives Nationales, Fic. III, Marne.)

Les événements d'Embrun ont eu l'honneur de deux colonnes au *Moniteur :*

> Pendant quarante-huit heures, la ville d'Embrun a été le théâtre des scènes les plus scandaleuses et les plus affligeantes. La population en émoi stationnait dans les rues et sur les

places publiques. Des groupes nombreux, la menace à la bouche, arrêtaient les électeurs de M. Ardouin, les femmes et les enfants les désignaient du doigt; on les entourait, on cherchait à les gagner, et sur leurs refus d'abjurer leurs convictions, on les couvrait d'injures et de sarcasmes grossiers; les hommes les plus respectables par leur âge, leur position, leur caractère, n'étaient pas à l'abri de ces insultes. Effrayés de l'audace avec laquelle on les poursuivait, ces électeurs se retiraient chez eux, abattus et découragés. (*Moniteur*, 1842, p. 1.744.)

A Marseille, les électeurs de la droite, mécontents du résultat du scrutin, avaient forcé les portes du collège du Nord, salle de la Bourse; ils brisèrent l'urne et mirent en fuite les membres du bureau (1).

Les agissements de M. Pauwels furent l'objet d'une enquête. Ils ne présentaient rien de bien extraordinaire :

La veille de l'élection, on avait accaparé toutes les voitures et les chevaux de louage du chef-lieu, pour amener dès le matin tous les électeurs de la campagne, dont on redoutait l'indépendance du vote; et ensuite, placés dans les maisons et auberges où ils étaient gardés à vue, on les extrayait de leur retraite dans un état voisin de l'ivresse et on les accompagnait ainsi au bureau de l'élection, où ils déposaient un vote imposé. D'un autre côté, dès le matin

---

(1) Procès-verbal des élections de 1831, 3° collège.

du jour, on avait échelonné sur toutes les routes aboutissant à la ville des émissaires chargés par M. Pauwels de s'emparer des électeurs qui se rendraient à la ville; on les présentait à M. Pauwels, qui les faisait asseoir à sa table, ou à celles préparées dans les auberges qu'il avait louées à cet effet, et après avoir employé tous les genres d'obsession, propres à ébranler leur libre arbitre, on les escortait à la salle d'élection où de nouveaux émissaires partisans de M. Pauwels s'emparaient d'eux et ne les quittaient pas qu'ils n'eussent fourni le vote qui leur avait été dicté; puis on les ramenait aux tables gratuites où les attendaient de nouvelles libations. (Haute-Marne. Arrondissement électoral de Langres. *Protestation des électeurs contre l'élection de M. Pauwels.* Impr. de Maulde.)

Du reste, il n'est pas étonnant que les incidents violents fûssent si peu nombreux. Les mesures de précaution les plus étendues étaient prises à chaque élection et l'aspect de la troupe armée devait vivement impressionner les paisibles électeurs censitaires :

... Que sur l'esplanade de l'évêché, qui est au devant du palais de justice, choisi pour salle électorale, les électeurs n'ont jamais pu se parler et se réunir pour causer au nombre de cinq, sans qu'ils aient été de suite dissipés et dispersés par la gendarmerie, renforcée par celle des brigades voisines et par la troupe de ligne, qui stationnaient devant la salle du collège, chaque soldat ayant quatre cartouches dans sa giberne... Que six électeurs étant sortis

d'Embrun, le vendredi, à la rencontre des électeurs briançonnais, leurs amis, de suite, toute
la gendarmerie de la ville a été envoyée à cheval sur eux, pour les dissiper. (*Moniteur*, 1846,
p. 2.230.)

ÉLECTIONS A DIJON, EN 1816.

Comme illustration d'une campagne de dernière
heure, nous croyons intéressant de donner le
récit de l'élection qui eut lieu à Dijon, en 1816.

Cette élection avait été précédée d'une
« grosse » effervescence des esprits. Le commissaire spécial informait qu'on en était à Dijon
jusqu'à organiser des banquets politiques. Voici
quelle était la conduite du député sortant Brenet :

> Au lieu de chercher à calmer les esprits, de
> rallier ses compatriotes autour du trône, d'ins-
> pirer la plus haute confiance dans le monarque,
> il (Brenet) croit sans doute avoir des droits
> à l'estime de ses concitoyens par un flux de
> bouche impudent, téméraire, satirique, et par
> un prétendu franc parler qui détruit la con-
> fiance dans le Gouvernement, et, par une consé-
> quence nécessaire, dans la personne du Roi.
> A la suite d'un dîner chez M. le premier pré-
> sident de la cour royale, il fut question d'af-
> faires politiques; on adula bassement le député
> Brenet, qui n'était déjà que trop disposé à don-
> ner l'essor à sa bile, et pendant une heure, il ne
> cessa de jouer le rôle de frondeur. J'écoutais et
> j'avoue que je ne pus m'empêcher de faire re-

marquer à un homme sage près duquel je me trouvais, qu'on semblait être en comité secret. (Archives Nationales, F7 4.348. Rapport du 7 juin 1816.)

Dans les rues se produisaient des manifestations séditieuses. Un ouvrier ayant crié : « Vive Chateaubriand! », on l'arrêta immédiatement et on lui fit subir un interrogatoire serré. Il fit preuve de beaucoup d'astuce. Le commissaire de police lui ayant demandé s'il ne savait pas que ce cri fut un signal des factions, « puisque M. de Chateaubriand est actuellement en disgrâce du Roi », il avait répondu :

— Un ouvrier est excusable de ne pas avoir pensé à toutes les raisons qui pourraient l'engager à s'abstenir.

La droite s'insurgeait ouvertement contre le ministre de police :

> Comment concevrait-on le délire de certaines personnes qui vinrent jusqu'à vous accuser de servir les plaisirs du Roi en faisant de Madame votre sœur sa maîtresse, et voilà, ajoute-t-on, la source de votre crédit. (Rapport du 18 septembre 1816. commissaire spécial au ministre.)

La gauche propageait des bruits propres à semer la panique :

> Cinquante électeurs se sont réunis chez le nommé Liégeard, orfèvre, le plus déterminé révolutionnaire de la ville. Il paraît qu'on a mis

en usage dans cette réunion une tactique qui a
eu un plein succès. On a accrédité le bruit que
le roi a dissous la Chambre des députés, à la
suite de la découverte d'une conspiration tendant à le faire descendre du trône et à le remplacer par Monsieur. Le nouveau roi devait immédiatement dépouiller les acquéreurs des
biens nationaux. (Préfet au ministre de police,
29 septembre 1816. *Ibidem.*)

Tout faisait donc prévoir une lutte acharnée. Le
commissaire de police s'efforça de capter la bienveillance des ruraux :

Vis-à-vis des habitants de la campagne, j'ai
autorisé des personnes sûres à faire quelques
frais de dîners et cafés pour capter leur bienveillance et connaître leurs suffrages. (Rapport
du 24 septembre 1816. *Ibidem.*)

Le premier jour des élections, la droite se vit en
forte minorité. Elle décida donc presque aussitôt
de recourir à sa tactique habituelle et de s'abstenir
pour que le *quorum* ne fût pas atteint. Le commissaire s'interposa entre les partis. Il fit mander
M. Baland, ancien procureur général, chef du
parti « des Jacobins », et lui proposa un compromis. D'un commun accord, on voterait, non
pour un libéral, mais pour un modéré désigné par
le ministère ; alors la droite assurerait le *quorum*.
La réponse de Baland fut « celle d'un insurgé » :

— Ils nous ont assez vexés. Point de capitulation. Ils ont perdu la bataille, nous voulons en profiter; *ve (sic) victis!* (1)

Cela avait suffi. Conformément aux propositions du commissaire de police, le conseil des ministres se réunit le 30 septembre et décide que Baland serait immédiatement envoyé en surveillance dans un autre département. Cette mesure est à la discrétion du commissaire de police; il peut, s'il le juge utile, ne pas la mettre à exécution. En informant le commissaire, le ministre de police lui écrit : « Continuez à assurer par tous les moyens possibles la liberté des élections; empêchez avec soin égal le triomphe indiscret des uns et le découragement des autres. »

. Avec la lettre du ministre, le commissaire va voir M. Baland, qu'il trouve « prenant son bain ». Le rapport qu'il envoya un peu plus tard ne souffle mot des tractations qui eurent lieu. Mais le résultat de cette démarche, c'est que Baland accepte de rester chez lui et promet de faire voter pour le candidat du Gouvernement. Cependant surgit une difficulté imprévue : le scrutin est déjà amorcé; les bulletins, en assez grand nombre, ont été déposés dans l'urne; dès que le *quorum* sera atteint, le dépouillement donnera des résultats *non conformes* au nouveau compromis. Bagatelle pour le commissaire. On s'en va chez le président du

---

(1) Rapport du 27 septembre 1816.

collège ét — laissons parler le délinquant lui-même :

> Il a été convenu, en définitive, que l'on se réunirait de nouveau demain ; qu'au moyen d'un billet qui serait en plus, le scrutin ouvert serait annulé, et qu'enfin on enverrait vingt personnes voter, afin de compléter le nombre nécessaire.

On en informe le préfet qui annonce au ministre « qu'en prenant quelques précautions, on rendrait nul le scrutin ».

Sur place, à Dijon, il n'y avait que onze voix royalistes à obtenir. « Au moyen de la promesse faite par le marquis de Maltesse (le président du collège) d'un bureau de débit de tabac », le commissaire de police s'assure le concours de ces onze électeurs. Il lui manquait encore vingt voix. Celles-ci, on ne pouvait les avoir qu'à Auxonne, à huit lieues de poste. Le commissaire envoie un courrier exprès au maire royaliste de cette ville. Celui-ci décide vingt de ses amis d'aller le lendemain voter à Dijon.

Mais, un peu plus tard, une autre lettre arrive à Auxonne. Elle était signée par le chevalier de Berbis, ami intime du préfet, « un intrigant se mêlant de politique à tort et à travers, encroûté de préjugés et tout à fait dans la coterie ». Cette lettre enjoignait aux royalistes d'Auxonne de ne pas bouger. Toute la combinaison s'effondrait d'un seul coup : à cette élection, Dijon n'eut pas de député.

Le commissaire de police se rendit à Auxonne. Il tenait à avoir la preuve de la trahison, car, seul, le préfet (de Tocqueville) avait été dans le complot; seul, il avait pu informer de Berbis. On dit au commissaire qu'en effet une lettre était venue de Dijon, par exprès aussi. Il demande à la voir; on s'y oppose. Mais il tient à s'en assurer. Laissons-le parler encore une fois :

> A force de ruse, on a tiré la lettre du carton pour me montrer seulement la date; j'ai profité du moment et *me suis emparé* de la lettre.

Le maire eut beau se plaindre, plus tard, avec de Berbis, que le commissaire lui avait arraché brutalement la lettre ; elle partit tout de même pour Paris avec un rapport commençant par ces mots : « Le préfet marche contre les instructions ».

L'OUVERTURE DU COLLÈGE.

Enfin, le collège ouvrait ses séances. Nous avons déjà dit que le président en était désigné, sous la Restauration, par le roi lui-même. On mobilisait les personnages les plus haut placés pour occuper des fonctions en somme bien modestes aujourd'hui. En 1815, le collège électoral du département de la Seine était présidé par Monsieur, frère du

Roi, lui-même. Le discours qu'il prononça dans cette circonstance est banal et fastidieux (1).

Du reste, c'est dans ces discours d'ouverture que le parti ministériel faisait son dernier effort pour influencer les électeurs; chose d'autant plus facile qu'aucune discussion n'était autorisée dans les collèges électoraux et que, par conséquent, l'orateur officiel ne redoutait guère de voir se dresser devant lui des contradicteurs.

Après le discours, on procédait à l'élection du bureau définitif : quatre scrutateurs et un secrétaire. La constitution de ce bureau avait son importance pour le dépouillement; on se livrait donc à une petite bataille préliminaire autour des urnes de ce bureau provisoire.

LA LIBERTÉ DU VOTE :

a) DES FONCTIONNAIRES.

La Restauration ne reconnaissait aucune liberté de vote à ses fonctionnaires. « Le Gouvernement ne confère les emplois publics qu'afin qu'on le serve et le seconde », disait la circulaire du 20 jan-

----

(1) *Discours prononcé à l'ouverture de l'assemblée du collège électoral du département de la Seine, le 22 août 1815, par Son Altesse Royale, Monsieur, frère du Roi, président de cette assemblée*, s. l., s. d. Chez Ballad (1815?).

vier 1820 (Garde des Sceaux,. Archives Nationales, Lot, 4, Fic.) « Quiconque accepte un emploi, contracte en même temps l'obligation de consacrer au service du Gouvernement ses talents et son influence. » Ce serait, pour ainsi dire, « un contrat dont la réciprocité forme le lien. » Si le fonctionnaire refuse au Gouvernement les services — lire : « le vote » — que le Gouvernement attend de lui, « il trahit sa foi et rompt volontairement le pacte dont l'emploi qu'il exerce avait été l'objet ou la condition ». Un vote hostile au Gouvernement est donc « la plus certaine et la plus irrévocable des abdications ». La situation ne peut pas être plus nette : l'employé s'est engagé à servir le ministère; le plus important de ces services est le vote donné au candidat ministériel; par conséquent, le fonctionnaire qui ne vote pas dans le sens favorable au ministère, se rend coupable presque de forfaiture.

On pourrait multiplier presque à l'infini les documents de ce genre. Le ministre de la guerre informait ses subordonnés qu'ils avaient à prendre par écrit l'engagement de voter pour les «honorables » candidats présentés par le ministère (1) ». Le ministre des finances signifiait aux directeurs des contributions directes que « les agents dont les emplois attestent la confiance du ministère

____

(1) CHARLÉTY, IV, p. 195.

doivent, pour la conserver, contribuer au choix des députés », etc. (1).

Le 27 mai 1830, à la veille de la révolution, M. de Polignac confirmait cette façon d'envisager les devoirs des fonctionnaires : « On ne peut servir à la fois le Gouvernement et l'opposition ; la loyauté autant que le devoir exige l'option entre l'un et l'autre (2). »

Les agents subalternes n'étaient pas moins catégoriques. Un mandement du préfet de l'Oise, mandement qui avait obtenu les honneurs d'une citation dans la *Gazette de France* et le *Moniteur* (3), avec mention, dans ce dernier, que la rédaction « aimait à croire que cette circulaire est authentique », enjoignait à tous les sous-préfets d'avoir à écrire « à tous les employés de votre administration qu'ils doivent, de la manière la plus formelle, la plus explicite, et sans aucune réserve, appuyer de leurs votes les candidats accrédités par le Gouvernement ». Le préfet indiquait que les fonctionnaires pouvaient s'affranchir « en renonçant à leur emploi », et spécifiait que lui, préfet, n'apporterait, après les élections, aucune inertie à frapper les coupables, de sorte qu'on ne puisse pas lui imputer « une indulgence déplacée qui serait une indigne faiblesse ». Le préfet du Lot,

____

(1) Vaulabelle, VI, p. 162.
(2) Weill, p. 117.
(3) 1827, p. 1.554.

en 1827, abondait dans le même sens : « Une démission spontanée doit précéder toute démarche hostile » et même toute « attitude indifférente ». Le préfet de l'Ardèche (Archives Nationales, 26 septembre 1816) recevait les félicitations du ministre pour une circulaire où il était dit que le patriotisme des fonctionnaires et « leur amour pour le Roi étaient garants du zèle que lesdits fonctionnaires mettront à remplir les augustes intentions du monarque ».

Des circulaires analogues étaient envoyées aux curés (« il serait beau, Monsieur le curé, de vous voir conduire en personne vos électeurs à l'assemblée et de ne pas les perdre de vue qu'ils n'aient voté pour le président du collège »); aux avoués et huissiers (avec menace « d'éliminer des places qu'ils tiennent de la confiance du Roi » tous les « traîtres ») et ainsi de suite.

Bref, le *Journal des Débats* n'exagérait rien quand il disait gravement que « tout fonctionnaire doit se retirer, ou servir de tous ses moyens le gouvernement qui l'emploie ». « Il y aurait de la lâcheté à ne pas proclamer de principes dont l'oubli seul a encouragé l'audace des ennemis du Gouvernement. »

La monarchie de Juillet n'apporte que peu de changements à la question de la liberté du vote des fonctionnaires. La négation de ces droits reste la règle jusqu'à la révolution de 1848. Mais la pression exercée par le Gouvernement n'est plus avouée.

Lors d'un grand débat à la Chambre, en août 1834, le garde des sceaux affirmait qu'il avait « dit à chaque fonctionnaire qu'il avait son libre arbitre et qu'il pouvait voter comme il l'entendait »; « jamais on ne demandera de comptes à personne »; « on n'a qu'à nommer le fonctionnaire qui a menacé le juge de paix de destitution, et ce ne sera pas le juge de paix qui sera destitué, mais le fonctionnaire qui aura méconnu ses devoirs (1) ».

Mais ces grands mots ne correspondaient à aucune réalité. Sciemment, le ministre altérait la vérité. Les documents abondent dans le sens contraire à ces déclarations d'apparat.

Le 28 avril 1834, le ministre de l'intérieur écrivait au préfet du Jura : « Toutes les consciences sont libres, assurément; mais rien n'affaiblit plus un gouvernement que de le voir délaissé ou attaqué par ses propres fonctionnaires ; l'opposition ouverte des fonctionnaires est un scandale que je ne souffrirai point (2). » Le préfet de l'Ariège informait le ministre, après ces mêmes élections de 1834 : « Nous avons trouvé dans les rangs de nos ennemis quelques fonctionnaires; il sera convenable, sans doute, de ne pas leur laisser les fonc-

---

(1) *Moniteur*, 1834, p. 1.663.
(2) Archives Nationales, Jura, 5.

tions dont ils sont investis. » — « Faire des rapports aux ministres compétents ». apostillait le ministre (1).

Ces rapports ne sont pas des mesures exceptionnelles, prises dans un moment de dépit. Les destitutions de fonctionnaires ayant mal voté étaient la règle. Le préfet de la Corse se plaint d'un de ses subordonnés qui « n'a pas daigné faire une démarche que lui conseillait sa position de fonctionnaire public; il n'a pas apporté son vote au candidat du Gouvernement ». Et il réclame « une répression exemplaire de ce scandale afin que l'autorité ne perde pas son influence sur les populations (2) ». Le préfet des Hautes-Pyrénées demande « justice et réparation » : il faut destituer trois fonctionnaires qui ont intrigué pour le succès du candidat républicain (3).

Du reste, comment peut-on parler de la liberté des votes des fonctionnaires à une époque où le « bulletin à clef » leur était presque ouvertement imposé ? L'incident de M. Rosty, percepteur de Carpentras, se rapporte à tout un système universellement appliqué :

> M. Rosty, percepteur de Carpentras, allait émettre son vote. Il était arrivé dans l'assemblée après l'appel et le rappel; au moment où il

---

(1) Archives Nationales, 26 juin 1834.
(2) Archives Nationales, 12 juillet 1834.
(3) *Ibidem*, 24 juin 1834.

allait voter, le sous-préfet, qui est l'électeur de
l'arrondissement, fait appeler M. Rosty dans
une salle contiguë... M. le sous-préfet lui dit :
« Monsieur Rosty, nous avons des doutes sur
votre vote, nous exigeons que vous attachiez
une énonciation qui nous fasse le reconnaître. »
M. Rosty répond : « Je suis fonctionnaire public, je sais à quoi cette qualité oblige : que je
vote pour le candidat ministériel, mais que,
quant à accepter l'humiliation d'une marque, je
ne puis y consentir. » Le sous-préfet reprend :
« Vous marquerez votre billet comme je l'indi-
querai ou vous serez destitué... » Au second tour
du scrutin, le maire de la ville de Monteux, une
ville de six mille âmes, s'approche du bureau et
il reçoit de la main du président le bulletin sur
lequel il devait déposer son vote; le secrétaire
l'avait déjà émargé sur la liste destinée à consta-
ter le vote des électeurs. A ce moment, le sous-
préfet, qui était dans la salle, assis à quelques
pas du bureau, l'appelle, le fait asseoir à côté
de lui et, pendant une demi-heure, il le tient à
la gêne; pendant une demi-heure, il cherche à
obtenir de lui qu'il marque son bulletin. Le
maire refuse l'humiliation que n'avait pas
voulu subir M. Rosty. Alors le sous-préfet exige
qu'il sorte de la salle sans voter. Et, en effet,
quoique son nom fût émargé sur la liste des
votants, il sortit sans prendre part au scrutin.
(FLORET, *Moniteur*, 1842, p. 1741-1742.)

b) DES PARTICULIERS.

Les moyens de pression directe employés vis-
à-vis des électeurs fonctionnaires ne pouvaient pas
être appliqués aux particuliers. On procédait à

leur égard par des voies indirectes. Car les menaces ouvertes furent, par bonheur, rares.

Les documents du temps n'en parlent que comme un abus que le gouvernement était le premier à déplorer :

> M. Martin est rencontré par M. le sous-préfet qui lui dit : « Vous ne votez pas pour nous? » « Non! », répond M. Martin. « Prenez garde », reprend M. le sous-préfet. M. Martin répond : « Je laboure et je sème, vous ne ferez peut-être pas tomber la grêle sur mes champs. » « Non, répartit M. le sous-préfet, mais vous avez un gendre; il est serrurier, mécanicien, balancier; il fait des poids et mesures : prenez garde! »
>
> Le sous-préfet aurait menacé, s'ils ne votaient pas pour ce candidat ministériel : 1° M. Heuillet, ancien chef de bataillon de l'ex-vieille garde, de lui faire perdre un procès devant le conseil de préfecture, etc. (*Moniteur*, 1842, p. 1.742.)

Par contre, les promesses électorales sont d'un usage courant. Un sous-préfet (Briançon) se plaisait à répéter une formule qui lui paraissait spirituelle. En parodiant le titre d'un comité électoral fameux, il disait : « Aidez-nous, et on vous aidera » (1).

Les promesses électorales sont soit individuelles, soit collectives. Un électeur hostile au Gouverne-

------

(1) *Moniteur*, 1842, p. 1.730.

ment a-t-il encouru une amende de 500 francs pour avoir introduit en France des sandales espagnoles « de la valeur d'un franc »? Le directeur des douanes le fait venir, le sollicite avec insistance et lui promet de classer son affaire si son vote est conforme aux désirs du ministre (1). Un autre électeur a subi une légère perte occasionnée par la grêle. Le maire de la commune de Bensol s'en va le chercher et lui promet une indemnité « dont vous fixerez vous-même le montant », et qui sera payée « sans examen, sans enquête, sans expertise » : à condition de bien voter (2). Le sous-préfet du Puy-de-Dôme ne craignait pas d'écrire à un des maires de son arrondissement que le fils de M. P... fera son service militaire chez lui, « quel que soit le numéro qu'il aura tiré » : cela, si le père consent à voter pour « l'amiral » (3).

Pour ne pas être distancés par les ministériels, les indépendants étaient obligés d'avoir recours à des promesses analogues. « A un nommé P. C... — écrivait le sous-préfet de Vouziers au préfet des Ardennes, le 7 août 1846 (Archives Nationales) — le candidat de l'opposition avait promis un mouton; à une dame G. de St-M..., femme d'un électeur, des œufs d'oie d'une espèce toute parti-

---

(1) *Moniteur*, 1838, p. 2.594.
(2) *Moniteur*, 1846, p. 2.245.
(3) *Moniteur*, 1839, p. 506.

culière, merveilleuse; à un nommé B. de C..., électeur, des brebis ayant deux portées par an. » Promesses bien inoffensives! Il ne faut pas oublier
qu'une circulaire circonstanciée enjoignait à l'administration de signaler au ministre les moindres
fautes commises par l'opposition.

Les promesses collectives étaient la plaie du
régime censitaire :

> Lorsque, dans un collège, une commune est
> douteuse, quand un canton est mauvais, c'est-
> à-dire, opposant, on réunit soit le maire, soit les
> adjoints, soit quelques membres influents de
> la commune, et on leur dit : « Vous votez contre
> l'administration. Que voulez-vous ? Que vous
> faut-il? Une route, un pont, des secours pour
> l'église? »
>
> Le langage de vos préfets est celui-ci : « Que
> telle localité se conduise bien, et elle obtiendra
> tout ce qu'elle sollicite; si elle vote mal, elle
> n'aura rien! » (*Moniteur*, 1842, p. 1.730.)

Pour être efficace, la promesse électorale devait
être rattachée à un nom de candidat. Il ne suffit
pas, en effet, de combler une commune de bienfaits, il faut encore que l'électeur sache quelle est
la personne à qui il est redevable de la fontaine,
de l'allocation pour la réparation de l'église ou de
l'augmentation de la garnison.

La publication, dans le *Moniteur,* de listes de
crédits obtenus par tel ou tel candidat ministériel
— publication « faite toujours à la veille des élections et avec une certaine affectation » — provo-

quait de telles clameurs chez l'opposition que le Gouvernement fut obligé de chercher autre chose. On reprit l'idée du « délégué électoral », qui avait été ébauchée par le duc Decazes lui-même (1).

Le délégué électoral est l'homme politique qui canalise toutes les faveurs réservées à l'arrondissement. Si la commune vote bien, son député devient *ex officio* son délégué électoral. « Je vous prie, Monsieur le maire — écrivait un sous-préfet intérimaire de Briançon (2) — de donner de la publicité à la lettre de M. le ministre à M. Declozeaux et de la porter surtout à la connaissance de vos administrés, qui, je me plais à le croire, en garderont un bon souvenir. » Il s'agissait de l'achèvement d'une route qui avait été négligée « nonobstant toutes les démarches faites jusqu'ici ».

Par contre, si la commune avait envoyé au

---

(1) Chaque département doit être représenté à Paris par une espèce « d'ambassadeur électoral ». « Une personne de confiance servira de canal, grâce auquel peuvent arriver au ministre des demandes de places ou tout autre genre de grâces qui serviraient à augmenter l'importance de cet intermédiaire. À l'époque des élections, l'intermédiaire, entouré de l'auréole de sa puissance, se rendrait sur place pour seconder les efforts du préfet. » Archives Nationales, F7. 4.351.

(2) *Moniteur*, 1846, p. 2.232.

Palais Bourbon un député de gauche, les bureaux
de Paris considéraient comme délégué électoral
celui qui était désigné pour se présenter aux prochaines élections comme candidat ministériel ;
c'est pour cette raison que la personne en question
portait aussi le nom de « député surnuméraire » :

> Vous savez ce que c'est que le député surnu-
> méraire? Tout député de l'opposition a, dans
> son collège, à côté de lui, une espèce de sosie,
> de collatéral s'apprêtant à recueillir sa succes-
> sion et épiant l'occasion de la saisir. Je dis tout
> député de l'opposition, j'ai tort, car il y a des
> députés ministériels qui ont aussi ce collatéral
> dont je parle; ce sont ceux qui ont à côté d'eux
> quelqu'un de plus ministériel qu'eux-mêmes. Le
> député titulaire, le préfet, le sous-préfet s'ef-
> facent, pour laisser briller en toute occasion le
> député surnuméraire. S'agit-il de quelque place,
> s'agit-il des intérêts administratifs généraux, ou
> particuliers, ou locaux? Adressez-vous à M. D...
> Il est étranger à la localité, il n'est point admi-
> nistrateur, il n'habite pas même le pays, il n'est
> pas député; n'importe, il va être et sera en toute
> chose l'intermédiaire entre l'administration et
> les administrés, entre les électeurs et les auto-
> rités publiques; tout passera entre ses mains,
> parce qu'il est candidat ministériel à la dépu-
> tation. (*Moniteur*, 1846, p. 2.233.)

Une protestation déposée en 1846 (1) signalait

---

(1) *Les électeurs de l'arrondissement de Vendôme
à Messieurs les membres de la Chambre des députés*,
1846, lith. de Mahaut.

au Parlement que, depuis quelque temps « l'administration considérait comme député de fait
M. Dessaignes, candidat repoussé par les électeurs »; le préfet lui-même conseillait de s'adresser, pour toute affaire importante, au « député surnuméraire », simple notaire à Paris; sans son
apostille, les demandes les plus justifiées étaient
repoussées par les bureaux de Paris. Une autre
brochure électorale (1) énumère que le futur candidat du ministère avait réussi à obtenir pour
« son » arrondissement : dix places de professeurs, une place d'inspecteur à l'université, une
sous-préfecture, trois perceptions, quatre débits
de tabac, une direction de postes, deux bourses au
collège, neuf demi-bourses, huit croix d'honneur,
des secours en argent pour une somme de
70.270 francs.

En conformité avec ce système, les faveurs
accordées au député de l'opposition étaient considérées comme autant de gaffes impardonnables.

Le préfet du Pas-de-Calais reprochait au ministre de l'intérieur la prodigieuse libéralité des
diverses administrations et celle de l'enregistrement en particulier, libéralité qui se faisait selon
les indications — *horribile dictu* — d'un député
de l'opposition! En se montrant plus ferme, le

---

(1) Anonyme. *A Messieurs les électeurs du collège
de Béthune. Un échantillon des 221.* Arras, Impr.
de Jean Degeorge, s. d. (1839?).

Gouvernement « aurait depuis longtemps retrouvé son ancienne majorité », car il aurait privé le député indépendant de la possibilité de manifester son crédit en arrachant des faveurs dont il fait un si pernicieux usage (1) ».

RÉPERCUSSIONS POLITIQUES
DES PROMESSES COLLECTIVES.

Les promesses électorales collectives ont fait couler beaucoup d'encre pendant les dix dernières années du règne de Louis-Philippe. Rien n'était plus facile que d'acheter, à coups de faveurs administratives, les sympathies des quelque deux cents électeurs qui formaient la majorité des collèges électoraux.

Tout le monde, sauf les opposants, paraissait être d'accord pour favoriser le développement des promesses collectives.

Le contingent des députés ministériels avait tout intérêt à pousser le ministère dans la voie où il s'était, peu à peu, engagé. N'avouaient-ils pas cyniquement que « tout le monde, permettez-moi une expression familière, n'a pas 25 ou 14.000 francs dans sa poche pour acheter le collège » (2).

---

(1) 14 août 1846, Archives Nationales, Pas-de-Calais.
(2) *Moniteur*, 1846, p. 2.279.

On remettait donc au budget le soin de faire les frais de chaque consultation populaire nouvelle.

Les jurisconsultes du ministère, appelés à donner leur avis, ne trouvaient, non plus, rien à redire contre ce système. Un rapport avait été élaboré pour justifier les mesures prises dans la fameuse question de l'enceinte de Sisteron. L'incident était typique. Depuis de longues années, on avait en vain demandé l'autorisation d'abattre les murs de l'enceinte fortifiée. A la veille des élections de 1834, le préfet sollicita que M. Pascalis (candidat ministériel) fût autorisé à promettre à la population que le ministre de la guerre donnerait enfin son assentiment. Le ministre s'empressa de répondre « que la demande a été trouvée juste et exécutable ». M. Pascalis fit placarder. Mais le maire de Sisteron, gauche radicale, souleva une tempête (Archives Nationales, Basses - Alpes, 14 juin 1834); sa lettre au préfet était tout aussi injurieuse pour ce fonctionnaire que pour le cabinet et la Chambre. Force fut de poser la question de principe dans toute son ampleur. On étudia les textes et les précédents. La conclusion fut d'une netteté de tout repos. « Au fond, quel peut être en cela le tort de l'autorité ? L'agrandissement de l'enceinte était chose résolue après un lent et mûr examen ; l'administration en donne la nouvelle au moment de l'élection, parce qu'elle est alors provoquée de s'expliquer sur ce point. Il y eut là une intention d'influer sur l'élection, cela est évident; mais d'influer par le bien. N'est-ce pas la mission de toute administration de rechercher l'avantage des administrés, et d'obtenir en récompense de ses efforts leur approbation? »

L'auteur anonyme concluait : « Laissez au pouvoir la satisfaction d'être utile et de remplir ainsi sa mission. »

Le cabinet considère donc que la question est réglée une fois pour toutes. Les « manœuvres mauvaises, destitutions et menaces » sont répréhensibles; mais rien n'empêche le Gouvernement de considérer les députés comme représentants légaux de leur arrondissement, comme représentants ou, si l'on préfère, comme « mandataires » : c'est là un des « mérites », un des « bienfaits » du Gouvernement représentatif. Le député n'est-il pas celui qui connaît le mieux les hommes et les choses de l'arrondissement? « Il est parfaitement naturel que le ministre s'éclaire de ses lumières; il est tout aussi naturel qu'il lui accorde un certain contrôle sur l'administration (1). » Guizot est un peu moins affirmatif, mais il ne cherche pas à lutter contre le courant. Il estime que « l'abus des influences » ne doit pas être comparé à la corruption. « Cet abus est inhérent aux pays libres », il est impossible de s'en passer (2).

Enfin — et c'est là que le problème, prenant de

---

(1) *Moniteur*, 1847, p. 2.279.
(2) *Moniteur*, 1847, p. 617.

l'ampleur, devient menaçant — les populations
elles-mêmes s'habituent à l'idée que les élections
deviennent une source d'avantages appréciables ;
elles prennent goût aux marchandages des candidats :

> Un mot a dû vous frapper : « Pourquoi, sont
> venus dire quelques paysans, ne nous ven-
> drions-nous pas pour de l'argent, quand les
> bourgeois se vendent pour des places? » Il y a,
> messieurs, dans une telle réponse, l'expression
> naïve et franche d'un sentiment, d'une convic-
> tion qui, malheureusement, ont fait de grands
> progrès en France depuis quelques années.
> (DUVERGIER DE HAURANNE, *Moniteur*, 1847,
> p. 574.)

L'administration ne manque pas de les entretenir dans cet état d'esprit pernicieux. Le préfet
de la Haute-Vienne constate avec plaisir que son
sous-préfet ne manque aucune occasion pour rappeler à ses administrés que leur choix ne serait
réellement utile qu'en tant qu'il « porterait sur
un homme en mesure de prendre le pauvre arrondissement de Saint-Yrieix sous sa protection, pour
tâcher de lui obtenir les faveurs du Gouvernement,
comme M. Edmond Blanc le fait pour l'arrondissement de Rochechouard (1) ».

Le préfet estime que « rien n'a plus d'influence
sur les électeurs, dans les pays pauvres, que l'es-

____

(1) Archives Nationales, 16 février 1884.

poir du patronage individuel du député ». Un autre préfet explique à qui veut l'entendre que, « quelle que soit d'ailleurs la couleur de nos opinions politiques, vous reconnaîtrez aussi, j'en suis certain, qu'il n'y a ni concours efficace, ni service réel à attendre, pour les intérêts du département, des hommes qui seraient restés ou devenus hostiles à notre monarchie de Juillet ».

Les polémistes électoraux emboîtent le pas. Le port de Lorient ne doit élire — explique l'un d'eux — qu'une des notabilités du ministère de la marine, parce que « l'équilibre entre les différents ports militaires peut être dérangé par des influences, par des combinaisons parlementaires », et que, dans ce cas, les premiers sacrifiés seront ceux qui « seront faiblement appuyés dans la Chambre et l'administration » (1).

Une autre brochure développe les mêmes idées, en rappelant que le député précédemment élu avait obtenu des crédits pour la reconstruction d'églises et pour le pavage de certains bourgs peu fortunés; « l'élan est donné, l'essor est pris; nous arrêterons-nous là? Retomberons-nous dans l'état où nous avons langui si longtemps? La chose est impossible! (2) ».

---

(1) Tract de M. Lacourdais, cité dans le *National*, 7 juin 1842.

(2) *Un électeur de l'arrondissement de Rochechouard à ses concitoyens.* Chez Barret fils, 1834.

On prend même l'habitude de reprocher aux
députés, non pas leurs opinions politiques, mais le
peu d'empressement qu'ils apportent à s'occuper
des « intérêts » remis entre leurs mains par les
électeurs. On peut citer des tracts entiers dont la
seule raison d'être est, en somme, une glorification
et une justification de la vénalité collective des
électeurs. Telle est, par exemple, la brochure de
M. Darnis, rédacteur en chef du *Moniteur indus-
triel* et du *Journal des connaissances utiles,* brochure intitulée : *A Messieurs les électeurs de l'arrondissement d'Aurillac* (1). M. Darnis n'y va pas
par quatre chemins. « Le Cantal est accusé de cré-
tinisme » parce qu'il envoie à la Chambre des députés qui ne savent pas quémander dans les ministères. « Le Cantal vaut mieux que ses représentants. » L'auteur développe toute une théorie du
député-homme d'affaires :

> Il ne faut pas se le dissimuler; nos ministres
> pensent peu, n'ont pas même le temps de pen-
> ser aux intérêts matériels du pays; ils ont à
> peine le temps de penser et ils ne pensent qu'à
> se maintenir. Ce sont les députés influents qui
> forcent le Gouvernement à présenter des projets
> de loi d'intérêts matériels pour une localité ou
> pour plusieurs localités à la fois. Les députés
> qui n'ont pas d'influence, qui n'ont pas de capa-
> cité, ne peuvent et ne savent rien exiger et
> n'exigent rien. Les députés influents savent et

______

(1) Paris, 1842. Chez Lange, Lévy et Cⁱᵉ.

peuvent exiger. Aussi ils exigent toujours et presque toujours ils obtiennent: Oh! la différence est grande, immense, entre le député qui est capable et influent et le député qui n'est ni capable, ni influent. (*Ibidem*, p. 5.)

Avec une assurance parfaite, M. Darnis ajoute : « Autant vaut, pour un département, n'avoir point de députés, que d'en avoir d'incapables. » Car...

... les députés se divisent en deux classes : ceux qui sont influents et ceux qui ne le sont pas. Tous les départements qui ont des députés influents obtiennent, qui des dégrèvements d'imposition, qui de nombreuses routes royales, qui des canaux, qui des chemins de fer. Tous les départements qui n'ont pas de députés influents n'obtiennent rien, absolument rien, si ce n'est ce qu'on ne peut leur refuser. (*Ibidem*, p. 4.)

Ou bien, cette autre brochure de M. Cuvilliez Fleury (1) :

Autrefois, à de certaines époques heureusement rares de notre histoire, quand la corruption n'était pas comme aujourd'hui à la surface, mais profondément enracinée dans les mœurs, quand elle avait siège au parlement et tabouret à la cour, savez-vous les intermédiaires qu'on invoquait pour obtenir faveur et souvent justice? Les maîtresses des rois, les traitants, les favoris de toute espèce, depuis le connétable

____

(1) Sans titre. Guéret, 20 mai 1846, chez Dugenest.

jusqu'au majordome! Vous détestez, et vous avez bien raison, les souvenirs de ce régime. Aujourd'hui, le peuple a ses intermédiaires naturels et constitutionnels auprès du pouvoir; ce sont ses conseils électifs à tous les degrés, depuis celui qui s'assemble à la municipalité du hameau jusqu'à celui qui siège au Palais Bourbon; en sorte que les agents qui stipulent pour le peuple, viennent de lui. Ce ne sont plus des protecteurs, mais des mandataires. Le peuple n'est pas un mendiant qui tend la main. C'est un maître qui délègue sa confiance, mais qui ne veut pas que son mandat soit improductif et sa représentation stérile.

Le rapprochement entre les députés et les courtisanes n'est, en fin de compte, pas une ironie, comme on pourrait le supposer, mais une maladresse; car la conclusion est formelle :

> Le patronage exercé par les députés, quand il s'arrête à de justes limites, qu'est-ce donc autre chose que l'accomplissement d'un contrat synallagmatique par lequel le peuple délègue sa puissance pour qu'elle lui soit rendue en dévouements de toute sorte, surveillance jalouse de ses droits, bonne garde de son honneur, mais aussi protection intelligente de ses intérêts matériels, sans exclusion des moindres au profit des plus grands? (*Ibidem,* p. 4-5.)

Et cet axiome :

> Tout homme qui jouit de quelque influence profite honorablement à quelqu'un. Arrière ceux qui n'ont jamais servi que leur ambition personnelle ou leur orgueil. (*Ibidem,* p. 5.)

Après de telles déclarations de principe, on n'est pas étonné de lire que M. Arago se donnait « comme créateur de Mont-Louis et des bassins de Port-Vendres », « mais qu'à l'appui de ces prétentions, il n'a produit que des lettres qui témoignent d'une intervention indirecte, secondaire, tardive; voilà tout (1) ». Un autre député avait eu l'imprudence de faire publier dans le *Journal de l'Aube* la liste des plâtres et des antiquités mexicaines qu'il avait obtenus pour l'école de dessin : « Tout cela est bel et bon, sans doute, Monsieur Vernier, mais nos routes, mais notre chemin de fer, mais l'impôt, mais la fabrique; qu'avez-vous fait pour tout cela (2)? » On pourrait multiplier à l'infini ce genre de citations.

Les conséquences politiques de cet état d'esprit furent déplorables. « La France — n'hésite pas à dire du haut de la tribune M. Manguin, et cela dès 1839 — est divisée en deux séries: l'une composée des arrondissements favorisés, ceux-là peuvent tout demander aux ministres ; l'autre, au contraire, est composée des arrondissements qu'on ne peut pas souffrir et auxquels on n'accorde rien,

-----

(1) Anonyme. *Candidature de M. de Contades. Aux hommes sans passions, aux vrais amis du pays.* Perpignan, 1846, chez Mlle Tastu.

(2) Avocat, électeur. *Simple opinion sur les candidatures électorales de l'arrondissement de Troyes.* Troyes, 1846, chez Bouquet.

il suffit qu'ils demandent pour qu'un refus soit mis au bas de leurs requêtes (1) ».

Ces séries sont l'inverse de ce que demanderait le bon sens politique : les communes pauvres, qui ont peu d'électeurs, « n'obtiennent rien, tandis que les communes riches, avec des censitaires nombreux, reçoivent des subventions qui les surprennent agréablement, car elles tombent du ciel sans avoir été sollicitées (2) ».

Les députés « gémissent » sous le servage que leur imposent « ces misères »; les bureaux de Paris expliquent à chaque solliciteur qu'il lui faut, bon gré mal gré, la démarche ou la signature de trois ou quatre députés : « Avez-vous de bons députés ? Vous ne réussirez pas sans cela ! (3) ». La lèpre électorale s'en va grandissant tous les jours ; chaque faveur accordée fait éclore vingt désirs autour d'elle. « Le Gouvernement avait voulu exploiter les mauvaises passions; il les a éveillées et elles l'exploitent à leur tour. Rien n'est à la fois plus impitoyable et plus égoïste qu'elles; elles tiendront au Gouvernement tant que le Gouvernement leur cédera. Il n'y a rien de plus dangereux que de pareils auxiliaires; ils ne connaissent ni le dévouement, ni la reconnaissance, ni même la satiété (4). »

---

(1) *Moniteur*, 1839, p. 485.
(2) *Moniteur*, 1846, p. 2.251.
(3) *Moniteur*, 1846, p. 2.285-2.286.
(4) BILLAULT, *Moniteur*, 1846, p. 2.286.

Pour se faire élire, Guizot lui-même est obligé d'appuyer sa candidature par des considérations d'utilité locale :

> Plus un député a d'influence générale, plus aussi il est en état de servir en particulier l'arrondissement qu'il représente. Ce n'est pas tout d'être de l'arrondissement de Lisieux et de l'habiter, pour lui être utile, à Paris. C'est à Paris surtout qu'il faut être connu et accrédité. Or, M. Guizot l'est évidemment bien davantage que M. Fleuriot de la Touzerie. Il aura donc, pour défendre nos intérêts et faire valoir nos réclamations, bien plus de facilité et de moyens. D'ailleurs, il s'est toujours montré fort empressé de le faire. Il a déjà rendu, et à l'arrondissement et à la ville, et à beaucoup de personnes en particulier, des services qui sont la meilleure garantie de ceux qu'il nous rendra encore. (Anonyme. *Aux électeurs de l'arrondissement de Lisieux.* Paris, s. d. (1831?), Impr. de H. Fournier.)

Bref, le mal est si grand, disait avec perspicacité M. Royer Collard, « que notre raison bornée peut à peine le comprendre et qu'elle est hors d'état d'en apercevoir toutes les conséquences (1) ».

« Il y a, en France, des arrondissements gangrenés jusqu'au fond pour une génération toute entière, où une idée politique, où une lutte poli-

______

(1) Cité par de Malleville, *Moniteur*, 1847, p. 574.

tique n'est plus possible, où il n'y a rien de possible qu'un marché (1). »

« La législation électorale — disait dans le même sens M. Dufaure (2) — tend à reconstituer à petit bruit je ne sais quelle aristocratie intrigante et solliciteuse. » Selon Tocqueville, le pays devenait de plus en plus persuadé que « le système représentatif n'est autre chose qu'une machine politique propre à faire dominer certains intérêts particuliers et à faire arriver toutes les places dans les mains d'un certain nombre de familles (3). »

On constate donc sans étonnement qu'à la fin du régime de Juillet, les promoteurs du suffrage universel utilisaient comme un des plus forts arguments cette idée naïve qu'avec un électorat élargi, il deviendra plus difficile de faire droit à tous les appétits et que ce sera la meilleure façon de mettre fin à la vénalité collective.

« Réforme donc! Réforme! Si nous ne voulons que cette corruption, qui grandit sans cesse, étouffe dans sa boue infecte les instincts généreux du pays (4). »

---

(1) GASPARIN, cité par Corne, Moniteur, 1846, p. 665.

(2) Cité par Duvergier de Hauranne, *Moniteur*, 1847, p. 573.

(3) Cité par Charléty, V, p. 305.

(4) *Discours en faveur de la réforme électorale, prononcés par MM. de Castillon-Saint-Victor et*

ELECTION A VILLEFRANCHE EN 1834.

L'élection de Villefranche, dans l'Aveyron, en 1834, montre à quel point la promesse était entrée dans les mœurs électorales.

Thiers se présentait. Mais la circonscription était considérée par le préfet comme très peu sûre. « Elle possède — écrivait-il, le 20 juillet 1833 — peu d'individus propres à préparer et à diriger une élection avec habileté. » Une lettre arrivée de Paris, le 16 mars 1834, ne fait qu'augmenter le désarroi du préfet. Dans cette lettre, le ministre parlait en termes vagues de certaines nouvelles candidatures constitutionnelles qu'il « pourrait devenir nécessaire d'appuyer. » Interdiction était faite au préfet de « promettre le concours de l'administration » à qui que ce soit « sans avoir consulté » Paris. Le député sortant, le vicomte Decazes, se trouvait dès lors dans une situation délicate et incompréhensible pour le préfet. Alarmé, il envoie un rapport assez sombre :

> Je me hâte de vous prévenir que j'apprends à l'instant qu'une combinaison nouvelle se forme pour préparer une élection légitimiste dans l'arrondissement de Villefranche. Le parti de la Restauration veut essayer, par tous les moyens dont il dispose, d'obtenir à ce collège la nomi-

---

de Genoude, députés de Toulouse. Lyon (1846 ?), Imprimerie de Chambet.

nation de M. de Balzac, ancien préfet et ancien député. Le comité des Carlistes regarderait cette nomination comme une victoire électorale; il est bien décidé de mettre en œuvre, dans cette occasion, ses ressources de toute nature. (Préfet de l'Aveyron au ministre de l'intérieur, 2 avril 1834.)

La même lettre donne des détails curieux sur les procédés naïfs que les gauches de Villefranche avaient l'intention d'employer pour faire triompher leur candidat :

Deux personnes des plus adroites et des plus influentes de chacune des deux oppositions doivent être désignées pour se réunir et convenir, s'il se peut, que des deux côtés on se présentera à l'élection et on votera librement pour le candidat ou les candidats de son bord; mais il serait arrêté par un engagement formel et d'honneur que les deux partis se réuniraient, au second tour, sur le candidat des deux oppositions qui réunirait le plus de voix au premier tour. Toutefois, comme le parti du mouvement est beaucoup moins nombreux que celui des Carlistes, les négociateurs de ceux-ci auront pour mission expresse d'assurer que les électeurs de leur opinion se diviseront positivement au premier tour sur plusieurs candidats et qu'alors la chance restera égale pour tous.

Le ministre apostille : « Combattre cette affaire. Veiller avec soin sur cette combine. » Mais il ne donne pas d'indication sur la candidature nouvelle que laissaient entrevoir ses lettres antérieures.

Le préfet se montre de plus en plus dérouté :

Etant arrêté dans toutes mes démarches par votre dernière lettre, je ne puis, Monsieur le ministre, que vous renouveler la prière de me tirer d'incertitude le plus promptement possible. Un plus long retard pourrait devenir fâcheux, tandis qu'une candidature véritablement constitutionnelle et franchement avancée nous permettrait de profiter de tout l'avantage que le Gouvernement a droit d'espérer. (Préfet de l'Aveyron au ministre de l'intérieur, 2 avril 1834. Archives Nationales, Fic. III, Aveyron, 5.)

En même temps, il essaie de soutenir la candidature Decazes par des moyens indirects :

Une chose très importante dans ses (du vicomte Decazes) intérêts serait l'approbation du projet du quai de Villefranche qui a été envoyé depuis quelques jours à M. le directeur général et que cette approbation fût accompagnée d'une allocation assez forte, sur les fonds extraordinaires, obtenus sur la vive sollicitation de M. le vicomte.

Le ministre va immédiatement au devant des recommandations du préfet. Il fait écrire au directeur général des ponts et chaussées pour lui demander un rapport sur la question du quai de Villefranche. Nous enregistrons ici un détail qui a son intérêt, comme nous l'allons voir plus loin. La minute de la lettre du 6 avril 1834, adressée au directeur général, était ainsi conçue : *Extrait de la lettre du préfet* et ensuite, un paragraphe que nous reproduisons en entier :

> Je crois devoir, M. le directeur général, vous communiquer les observations de M. le préfet de l'Aveyron, *en raison de l'intérêt politique qui s'attache à l'élection de M. le vicomte Decazes.*

Ce paragraphe est rayé de la main de M. Thiers qui le remplace par la formule suivante :

> En vous transmettant ces indications, je vous prie de me présenter promptement un rapport spécial sur cette affaire.

Comme on voit dans cette formule, le nom du vicomte Decazes n'est pas mentionné et le lien entre le quai et l'élection est *supprimé.*

Les Archives ne soufflent mot de l'élection de Villefranche pendant près d'un mois. C'est sur un nouveau rapport du préfet, en date du 15 mai 1834, que le ministre note au crayon en marge : « M. le vicomte Decazes est décidé à se retirer pour reporter sur une autre candidature constitutionnelle les suffrages qui lui seraient acquis. » Le nom du nouveau candidat est toujours gardé secret. Il résulte de certaines indications que nous avons trouvées éparpillées dans le même dossier que pendant tout ce mois M. Thiers se trouvait engagé dans de longues conversations avec le duc Decazes, possesseur de gros intérêts industriels dans l'arrondissement de Villefranche. Il y a lieu de croire que le duc Decazes lui-même trouva la candidature de son parent un peu compromise et indiqua à Thiers les moyens de se faire élire. Il existe à Villefranche deux grands électeurs : M. Cabrol et M. Cibiel; deux croix feraient leur bonheur et assureraient le succès du ministre de l'intérieur. M. Thiers, alors, se décide. La lettre dans laquelle il annonçait sa propre candidature au préfet (probablement personnelle) ne figure pas dans le dossier. Mais, le 7 juin, le préfet répond dans les termes suivants :

> Je viens de voir le sous-préfet de Villefranche et je vois avec un vif plaisir que cette nomination est probable à ce collège. Il s'est présenté encore un candidat, M. Dulac, ancien préfet de la Nièvre, puis des Basses-Alpes, puis révoqué. Il ne demanderait pas mieux, à ce qu'il paraît, que de rentrer dans l'administration; par conséquent, ses opinions sont tout ministérielles; par conséquent encore, il céderait volontiers ses voix au ministre de l'intérieur; mais il n'en aura que quinze et il paraît qu'il ne faut pas lui tenir beaucoup de compte du sacrifice. (Préfet au ministre de l'intérieur, 7 juin 1834. Archives Nationales, F1c. III, Aveyron, 5.)

Seulement, administrateur avisé, le préfet n'approuve guère la tactique qui consisterait à faire jouer la Chancellerie de la Légion d'honneur. Déjà, le 5 mai, il avait écrit au ministre :

> J'ai peur que les deux décorations dont nous avons parlé ne soient trop près de l'élection et

ne montrent trop l'intention secrète. J'ai peur qu'en vous demandant on n'ait plutôt cherché à assurer leurs croix par l'élection que l'élection par les croix... J'ai rencontré en route M. Cabrol, que M. le duc Decazes m'a nommé comme le grand électeur de Villefranche. Il allait à Nevers et ne devait pas aller à Villefranche. Où le trouver? Où lui adresser cette croix? Peut-on convenablement, en la lui adressant, lui intimer de se rendre sur le champ à Villefranche?... Quant à M. Cibiel, si vous jugez à propos de lui conférer, à présent, la croix d'honneur, je vous prie de m'autoriser à ne la lui délivrer qu'en temps et lieu.

Le 10 juin, c'est-à-dire à un moment où il connaissait déjà toute la pensée du ministre, il revient à la charge :

Les deux croix semblent très inopportunes. Celle d'officier pourrait peut-être être donnée sans inconvénient, mais sans aucune utilité, à M. Cabrol. Il n'est plus électeur dans cet arrondissement et n'y exerce plus l'influence que l'on suppose. L'autre étonnerait beaucoup et l'on se demanderait à quel titre elle a été donnée.

Mais le siège de Thiers était déjà fait; il était probablement lié par des promesses formelles. Il *biffe* donc de deux traits énergiques les dernières lignes des instructions envoyées au préfet le 11 juin 1834 et qui étaient ainsi rédigées (voir la minute conservée aux Archives) :

Je vous autorise aussi à ne faire usage des

ordonnances qui vous ont été remises qu'au moment où vous le préférez convenable.

N'ayant reçu aucune satisfaction au sujet des croix, le préfet cherche à assurer l'élection de son chef par d'autres moyens, plus appropriés, selon lui :

Le maire de Rieupeyroux a renouvelé avec instance la demande d'un secours pour être employé sur la route de Decazeville à Albi, passant par Rieupeyroux. Le sous-préfet pense que dans ce moment, l'annonce officielle d'une somme de trois cents francs accordée pour cet objet produirait un très bon effet; et il me la demande. Je n'hésite pas à la lui accorder. (Préfet de l'Aveyron au ministre de l'intérieur, 10 juin 1834. Archives Nationales, Fic. III, Aveyron, 5.)

Le ministre approuve pleinement cette tactique:

J'approuve l'allocation que vous avez faite d'une somme de trois cents francs pour la route de Decazeville à Albi passant par Rieupeyroux, et je vous confirme les instructions de ma dernière lettre relative aux deux décorations. (Ministre de l'intérieur au préfet, 15 juin 1834. Archives Nationales, Fic. III, Aveyron, 3.)

Encouragé par ce premier succès, le préfet tente une démarche de plus grande envergure :

J'ai appris que le canton d'Aubin est très intéressé à la construction du pont d'Agres sur le Lot, soumissionné par M. Malvézy, qui demande, outre la concession du péage, vingt

> mille francs de subvention. On a quelques in-
> quiétudes dans le pays, parce qu'étant ministre
> des travaux publics, vous aviez demandé de
> nouveaux renseignements, une évaluation de
> la dépense du pont, enfin vous paraissez douter
> que la subvention fût nécessaire, auquel cas on
> ne trouverait pas d'adjudicataire. J'ai cru de-
> voir écrire au sous-préfet de faire entendre aux
> électeurs que votre nomination assurerait la
> construction du pont. (Préfet de l'Aveyron au
> ministre de l'intérieur, 13 juin 1834. *Ibidem.*)

Et notons ici un autre détail qu'il faut rapprocher de celui que nous avons relevé dans la question du quai de Villefranche. La minute de la réponse est encore une fois écrite de la main de
M. Thiers. Mais l'altération est faite *dans le sens
inverse*. Voici comment se présente cette minute,
conservée aux Archives. Le rédacteur du ministère, probablement suivant le précédent du quai
de Villefranche, prépare tout un paragraphe de
petits lieux communs politiques :

> Votre dernier rapport au sujet d'un projet
> de pont sur le Lot me détermine à vous inviter
> très expressément à ne prendre à cet égard
> aucun engagement qui serait subordonné à mon
> élection par le collège de Villefranche. Vous ne
> saurez vous abstenir avec trop de soin de toute
> promesse de ce genre pour des travaux d'utilité
> publique, dont la convenance doit toujours être
> appréciée indépendamment de toute considéra-
> tion particulière.

Mais la situation était déjà changée. Il ne s'agissait plus d'une candidature Decazes : c'était le ministre lui-même qui était directement engagé à Villefranche. M. Thiers supprime donc le paragraphe en question et termine la lettre par l'alinéa suivant :

> J'approuve entièrement le contenu de ces rapports, et comme le moment des élections approche, je n'aurai plus d'instructions nouvelles à vous adresser. (Lettre du 17 juin 1834, confidentielle.)

La partie engagée par Thiers n'était pas facile à gagner; son adversaire principal, de Balzac, n'était pas le premier venu. Il avait été sous-préfet à Carpentras, préfet de Tarn-et-Garonne, préfet de Marseille, secrétaire général du ministère de l'intérieur jusqu'au mois de juillet 1830. Il avait fait paraître une profession de foi où ses sympathies légitimistes n'étaient mentionnées que sous une forme vague et qui, dans son ensemble, avait une allure très digne :

> S'il faut encore me dévouer pour défendre ces principes, si ces principes sont ceux de la majorité des électeurs de l'arrondissement de Villefranche, je renoncerai, non sans peine, mais avec une entière abnégation, à la vie champêtre, à ma charrue, pour unir mes faibles efforts à ceux de nos amis politiques... Comme eux, je suis libre de tout engagement envers le pouvoir, et invinciblement déterminé à n'accepter aucune faveur de sa part. (Lettre de

> MM. de Balzac à Messieurs les électeurs de l'ar-
> rondissement de Villefranche. Mazet, 15 juin
> 1834, sans indication d'imprimeur, 4°.)

La menace d'une coalition des ailes devint une
réalité très menaçante le jour où le candidat des
gauches, le général Tarayre, fit placarder une
affiche qui prouve que l'art des compromissions
politiques n'avait plus de secrets pour les candidats :

> Je n'ai jamais déclaré positivement que je
> repousserai comme une honte les suffrages des
> partisans de la légitimité. Je ne les recherche
> nulle part, mais je les reçois de quelque côté
> qu'ils viennent. Si les partisans de la légiti-
> mité, après le premier tour de scrutin, perdent
> l'espoir de faire passer leur candidat, et obli-
> gés de faire le choix entre le juste milieu et
> moi, me donnaient la préférence, j'accepte
> leurs suffrages sans prendre avec eux aucun
> engagement et en restant toujours fidèle à mon
> parti. (Tarayre, lieutenant général. Sans titre.
> Rodez, 19 juin 1834, in-16°.)

Enfin, une troisième candidature, Dulac, ministériel dilettante, finit par brouiller définitivement
les cartes du ministre de l'intérieur :

> M. Dulac aurait pu ne pas contrarier votre
> élection en disant aux uns que certainement
> vous n'opteriez pas pour Villefranche, en disant
> à d'autres que le sous-préfet ne désirait pas
> votre nomination, ce qui est faux et absurde.
> (Préfet au ministre de l'intérieur, 27 juin 1834.
> Archives Nationales, Fic. III, Aveyron, 5.)

Le clergé se jeta corps et âme dans la lutte, en soutenant ouvertement M. de Balzac :

> Un abbé, électeur à Villefranche, a fait cette réponse à un autre électeur qui lui disait avoir voté pour M. Thiers : « Ah! malheureux, vous êtes damné! » (Préfet au ministre de l'intérieur, 27 juin 1834. Archives Nationales, Fic. III, Aveyron, 5.)

Au dernier moment, Thiers fit l'impossible pour augmenter le nombre des électeurs fidèles au Gouvernement. Tous les ministères furent avisés de la nécessité d'envoyer à Villefranche les électeurs qui, par suite de leurs fonctions officielles, se trouvaient retenus dans d'autres villes de France. On alla jusqu'à rechercher, par dépêches télégraphiques adressées au préfet de l'Hérault, un chef d'escadron qu'on n'avait pu trouver à Dijon et qu'on pensait pouvoir joindre à Montpellier (lettre du ministre de l'intérieur au ministre de la guerre du 15 juin 1834, concernant le chef d'escadron de gendarmerie Daugnac). Rien n'y fit. Au deuxième tour de scrutin, Thiers n'eut que 60 voix. Alors le préfet se résigna à aller mendier des votes au représentant de la gauche :

> Dans la nuit qui suivit le deuxième tour de scrutin, je fus informé de son résultat. J'allai à trois heures du matin chez le général Tarayre, logé chez le maire de Rodez, tous deux tenant au mouvement... Je leur représentai qu'entre

M. de Balzac, ennemi de la révolution de Juillet, et M. Thiers, historien de la révolution de 1789 et l'un des principaux coopérateurs de celle de Juillet, ils ne pouvaient pas hésiter. Je leur rappelai que la veille même, à Rodez, ils avaient voté, au deuxième tour, pour M. Merlin. Le général ne fit aucune difficulté pour écrire dans ce sens à ses partisans... Je fis partir sur le champ sa lettre, par estafette, au galop, avec quelques autres du maire dans le même sens. Elles arrivèrent à temps avant le ballottage, mais sur les 47 voix du général Tarayre, une partie s'est portée sur M. de Balzac, les autres plus modérées, sur vous, Monsieur le ministre ; mais quelques-uns de vos partisans, croyant la veille la partie perdue, s'étaient retirés. (Préfet au ministre de l'intérieur, 27 juin 1834. *Ibidem.*)

Le lendemain, Thiers échouait avec 69 voix seulement (1).

Beau joueur, il fit tout de même féliciter officiellement le préfet pour les résultats de la campagne électorale (lettre du 3 juillet 1834) ; mais le paragraphe additionnel où un rédacteur trop zélé demandait un rapport « sur toutes les circonstances qui peuvent se rattacher aux élections » de Villefranche fut impitoyablement rayé par le ministre. Cela ne l'intéressait plus.

----

(1) Il fut élu au quatrième collège du département des Bouches-du-Rhône.

LES PROMESSES COLLECTIVES
DES INDÉPENDANTS.

Notons que les indépendants, pour ne pas être tout à fait distancés par les ministériels, furent, pour ainsi dire, obligés de suivre l'exemple donné par le Gouvernement. Leur action dans ce sens était nécessairement plus restreinte que celle des députés de la majorité. On peut cependant citer deux cas qui provoquèrent une assez grosse émotion : les élections de Quimperlé et de Louviers. Les ministériels s'en étaient emparés avec un empressement visible : ils cassèrent, trois fois de suite, la nomination de M. Ch. Laffitte à Louviers; l'élection de Quimperlé donna lieu à un grand procès et fut aussi cassée; la corruption devait rester le monopole d'une seule partie de la Chambre...

Voici ce qui se passa à Louviers. Au mois de décembre 1843, M. Passy était promu à la pairie et son siège devint vacant. M. Ch. Laffitte, gros entrepreneur et actionnaire du chemin de fer de Rouen, envoya un agent, M. Desessarts, à Louviers, et proposa aux notabilités « un marché » : s'il est élu député, il s'engage à construire, à ses frais, un embranchement jusqu'à Louviers. Un projet de contrat, ou memorandum, est rédigé par les parties et un électeur se rend à Paris le soumettre à M. Laffitte. Le futur candidat apporte quelques changements au texte, puis le signe. Le document, rapporté à Louviers, est, pendant quatre jours,

exposé au Cercle commercial. Le 1ᵉʳ janvier 1844,
la candidature de M. Laffitte était ouvertement
posée, et le 2 du même mois, il soumissionnait
pour la construction d'un embranchement Rouen-
Louviers. Elu à une grande majorité, il fut invalidé par la Chambre le 21 janvier. Immédiatement
après, une forte campagne en faveur de sa réélection se déclanchait dans l'Eure. Des émissaires
parcouraient la campagne, expliquant aux électeurs que la Chambre avait fait un affront à tout
le corps électoral, qu'il fallait voter pour Laffitte
« jusqu'à la dernière extrémité », que c'était le
seul moyen de prouver combien Louviers avait été
calomnié, etc. On fit signer en masse des engagements d'honneur de voter pour Laffitte. Afin de
sauver les apparences, on envoya au candidat une
lettre collective, dans laquelle on le « déliait »
solennellement de la parole donnée et on l'assurait
qu'il n'avait jamais été que « le représentant de
toutes nos convictions ». Une série de pamphlets
attaquait avec violence la décision de la Chambre :
« Il est évident, disait un de ces factums, que si
les électeurs s'avisaient d'aller exiger que chacun
des députés fût bon à quelque chose, une certaine
partie de la Chambre aurait été embarrassée. » Et
puis, en forme de la consultation juridique :

> Si M. Charles Laffitte, sans solliciter le suf-
> frage des électeurs de Louviers, construisait
> l'embranchement sur le chemin du Havre, que
> dirait-on de lui? Bien évidemment, on le van-

terait, on le louerait, on le remercierait du service important rendu non seulement à la localité, mais à tous les points de la France avec lesquels Louviers entretient des relations d'affaires; or, comment le même fait peut-il être à la fois honorable et scandaleux, digne d'éloge et de blâme au gré d'une circonstance qui ne change en rien sa nature? Si M. Charles Laffitte avait fait le chemin, il y a trois ans, on trouverait sa nomination toute simple; pourquoi cesse-t-elle de l'être parce qu'il ne le fait qu'à présent?' (Extrait du journal *Le Globe*, Paris. Louviers, Impr. de Delahaye frères.)

« ... On a dit que la corruption générale serait encore pire que la corruption individuelle; mais c'est là une pure absurdité... Les électeurs seraient de bien pauvres cervelles s'ils allaient retirer à M: Laffitte leur confiance sur d'aussi maigres chicanes. » La deuxième élection devait donc se faire en dehors de tout embranchement, sur des questions politiques. Mais comme il se trouve toujours l'enfant de la fable qui crie que le roi est nu, un incident, qui bouleversa toutes les prévisions, se produisit à une séance préparatoire organisée avec grande pompe et sous la présidence du maire, le 23 février. Après des discours où la pureté des intentions, tant de M. Laffitte que des électeurs lovériens fut constatée à plusieurs reprises, un électeur se leva. Nous laissons la parole à un témoin oculaire :

« Je demande, dit cet électeur, si M. Ch. Laffitte maintient ou non les obligations qu'il a contractées relativement à l'embranchement du chemin de fer. » Dire l'orage que cette seule question souleva dans l'assemblée serait impossible. Le premier mouvement passé, le bureau, interprète des sentiments de l'assemblée, déclara que la question ne serait pas posée. L'électeur ayant voulu insister, sa voix fut couverte par de telles clameurs, par de telles vociférations, le tumulte devint si violent et le désordre si menaçant, qu'il y eut eu danger peut-être de prolonger le débat. Ce fut à ce point que M. le colonel Descharpins, saisissant un moment où sa voix pouvait dominer les cris de l'assemblée, s'écria : « En présence d'un tel scandale, il est impossible qu'un homme honorable se présente comme candidat. Je renonce à ma candidature et je quitte cette salle. » (*Moniteur*, 1844, p. 567.)

M. Laffitte fut réélu le 24 février, avec 54 voix de plus qu'en janvier, et invalidé de nouveau le 9 mars par la Chambre. Le 14 avril, il fut réélu une troisième fois, avec deux voix de plus qu'en février. Mais la Chambre tint bon et, le 29 avril, elle cassa une troisième fois l'élection (1).

---

(1) *Moniteur*, 1844, pp. 117, 565. Voir aussi Dr Auzoux, *Explications données à l'assemblée préparatoire du collège électoral de Louviers*. Louviers, s. d. (1844?), chez Delahaye frères. Ch. Courtin, H. Lhuillier et B. Picard, *Election du 5ᵉ arrondissement de l'Eure*. Paris, s. d. (1844?), chez Firmin Didot.

L'élection de Quimperlé peut être relatée en peu de mots. « Depuis les élections de 1842, dit la protestation déposée à la Chambre, la clameur publique dénonçait l'arrondissement de Quimperlé comme appartenant, quant aux élections, au plus offrant et dernier enchérisseur. » En 1846, M. Drouillard, riche banquier à Paris, n'ayant aucune attache locale, annonça sa candidature. Quelques jours après, il expédiait à M. Peyron, son patron électoral, la somme de 150.000 francs « par la voie des messageries ». Dans son rapport confidentiel du 10 août 1846, le préfet du Finistère confirmait le fait et même le montant de la somme :

> On impute en effet à M. Drouillard d'avoir acheté son élection au prix de 150.000 francs ; selon ce qui se dit et se répète, il aurait prêté aux uns des fortes sommes à des intérêts de beaucoup au-dessous des cours; à d'autres, il aurait acheté et leur aurait payé des immeubles bien au-delà de leur valeur réelle; ceux-ci lui auraient fait payer leurs créanciers ; ceux-là enfin (et ce serait le plus grand nombre, ce seraient surtout les habitants de la campagne) auraient reçu des sommes considérables en argent effectif. (Archives Nationales, Fic. III, Finistère, 9.)

Des lettres compromettantes tombèrent entre les mains des indiscrets :

> Monsieur, ayant appris que M. le curé de votre commune avait besoin pour son église

d'une croix d'argent, j'ai prié M. Peyron de vouloir bien, par votre entremise, la lui faire agréer. J'espère, Monsieur, que, dans cette occasion, vous aurez bien voulu être mon intermédiaire. (Drouillard, à Monsieur le maire de Quérieu, Paris, ce 31 décembre 1845. *Moniteur*, 1846, p. 2.268.)

Des listes de dons furent publiées :

Presbytère d'Arzano	800	francs
Presbytère de Bannalec	1.000	—
Eglise de Clohurs	1.000	—
Traverse de Quimperlé	10.000	—
Pont de Bourganeuf	43.000	—

Saint-Michel, tableau de l'Assomption. Sainte-Croix, tableau de la mort de Saint Joseph. (Anonyme. *A Messieurs les électeurs de l'arrondissement de Quimperlé*. Imprimerie de Cosse et G. Laguionie.)

Le 5 décembre 1846, la Cour de cassation reconnaissait que le sieur Drouillard avait acheté dans les dernières élections des suffrages à des prix quelconques et que le sieur Flécher père (et cinq autres) avait vendu son suffrage à prix d'argent.

LE SCRUTIN.

D'après la loi, l'électeur doit écrire le nom du député à élire « sur le bureau » ; il remet le bulletin « fermé » au président, qui le met dans l'urne.

Autant de pièges pour l'opposition. La table du bureau est tellement étroite — à peine une planche de bois — qu'il est matériellement impossible d'écrire quoi que ce soit qui reste secret pour le président et les scrutateurs. S'avise-t-on de demander une autre table, plus large? Le président donne une réponse qui est « une dérision insolente » (1).

Du reste, quand la disposition du bureau était telle que ses membres ne pouvaient effectivement voir ce qu'écrivaient les électeurs, on avait recours à un autre procédé : on faisait venir les électeurs *par paires*, de façon à ce que « un électeur devienne le surveillant de l'autre, appelé en même temps » (2).

Parfois, on cherche à s'arranger; les électeurs constitutionnels demandent « avec toute la modération et tous les ménagements possibles » qu'un *carton* soit placé sur la table, entre le bureau et les électeurs (3). Cette proposition provoque une « aigreur visible » chez le président et le secrétaire du bureau. Ce dernier intervient; « tout électeur qui voudrait voter secrètement pourrait placer son chapeau de façon à n'être point aperçu en écri-

---

(1) Anonyme. *Avis à Messieurs les électeurs*. Paris, chez Chanthié, 1822.

(2) DUPIN aîné. *Séance du 15 février 1828. Moniteur*, 1828, p. 194.

(3) Anonyme. *Détails sur ce qui s'est passé les 17 et 18 novembre 1827 pendant la réunion du collège électoral de l'arrondissement de Bourbon-Vendée*. Chez Gordier, Paris, sans date.

vant le bulletin ». L'opposition proteste. Personne ne le dit, mais tout le monde comprend que tout fonctionnaire qui oserait se servir de son couvre-chef serait destitué ; le chapeau ne peut donc pas remplacer le carton. Le préfet lui-même intervient pour ridiculiser le carton ; le terrain reste à l'administration. Il faut croire que ces cartons figuraient dans un grand nombre de départements. On trouve dans les Archives Nationales (Lot, 4, Requête sans date provenant de Figeac) toute une histoire concernant un carton qui provoqua « l'irruption de la gendarmerie ». « Le carton protecteur du secret des votes est enlevé par un gendarme qui le porte dehors aux yeux de l'assemblée étonnée. »

Un préfet, en expliquant au ministre la cause de son insuccès lors des élections de 1824, n'hésite pas à qualifier de « faute » l'autorisation donnée par le bureau d'établir une table séparée avec paravent : « Une autre faute commise par les membres du bureau provisoire, c'est d'avoir autorisé l'établissement d'une table séparée du bureau, entourée d'un paravent où les électeurs allèrent écrire leurs votes ; quoique le paravent fût ouvert du côté du bureau, la table était cependant trop éloignée pour être surveillée (1). »

Il est donc certain que le système des bulletins

____

(1) Préfet de l'Aisne au ministre de l'intérieur. Confidentielle, 3 mars 1824, Archives Nationales, Aisne, 6.

écrits sur le bureau favorisait singulièrement les fraudes ; le secret des vôtes n'était pas garanti. Car, vraiment, on ne peut pas considérer comme garantie, par exemple, cette déclaration du président qu'il est « notoirement myope et qu'il n'aurait pas pu lire les bulletins sans les rapprocher de ses yeux » ; or, cet argument figure dans un mémoire officiel du ministre de l'intérieur, présenté à la Chambre en 1822 (1).

D'une façon ou d'une autre, le bureau était toujours informé de ce que venait d'écrire l'électeur :

> Un électeur, M. Lister, finissant d'écrire son bulletin et se disposant à le remettre au président, fut averti par M. Chauffront, un des scrutateurs, de rectifier son bulletin en ajoutant au nom du candidat une désignation précise.
>
> Un autre électeur (M. Marc-Antoine Richart), voulant clore son bulletin et le déposer, fut prié par le président de le rectifier par l'adjonction d'une qualification dont le nom du candidat était dépourvu. (Thil, séance du 15 février 1828. *Moniteur*, 1828, p. 198.)

Le papier sur lequel il faut écrire « doit être attentivement examiné par l'électeur » ; plusieurs circulaires insistent sur ce point. « Il y a eu des exemples » que ce papier contenait déjà un autre nom de l'autre côté et que cela permettait au pré-

---

(1) Archives Nationales, Loire, 3.

sident de lire, au moment du scrutin, l'un des deux noms à son choix. La qualité de ce papier est souvent tout à fait inférieure; il est impossible d'écrire sur ce papier d'une façon lisible; or, il est avéré que « M. le président est peu accoutumé à déchiffrer les écritures constitutionnelles »; il « se méprit quelquefois en dépouillant le scrutin ». Force est cependant de passer outre à ces difficultés, car le bureau « décida que le papier était bon ».

Dans ce même sens : « (Il faut)... que le bulletin, remis à chaque électeur par le président, soit pris au hasard », dans la même case, et qu'il soit fait avec un papier « ordinaire », ayant pour tous les électeurs, sans exception, la même configuration, la même couleur, le même filigrane : autrement quelques électeurs pourraient craindre que ces bulletins ne fissent reconnaître leur vote (1).

Certains présidents ont recours à des procédés plus grossiers, comme le certifie la *Lettre d'un électeur libre à un électeur employé*, Paris, chez Delaunay, 1822 :

« Le président, comme tu sais, prend lui-même le bulletin des mains du votant; en le prenant, il a soin de pratiquer, avec adresse, un petit pli dans l'angle, ou sur le côté du bulletin. Un coup d'ongle

____

(1) Anonyme. *Avis aux électeurs constitutionnels.* Paris, chez Setier (1824?).

suffit pour faire le même effet. De cette manière, lors du dépouillement, qu'il fait lui-même, il reconnaît facilement la marque qu'il a faite aux bulletins des votants dont il a intérêt de connaître les votes. Ainsi, un pli sur l'angle désignera le bulletin des employés à l'administration des douanes, dont on se méfie; un coup d'ongle sur le grand côté, le vote des receveurs qui sont dans le même cas; un coup d'ongle sur le petit côté, le vote des employés dans les domaines; ainsi des autres. »

Le bulletin est remis *fermé*. Des circulaires électorales rappellent ce détail avec insistance. Mais l'opposition doit lutter, dans ce domaine, contre les électeurs qui affectent de présenter leurs bulletins ouverts, car tel est l'ordre qu'ils avaient reçu : « Electeurs royalistes! Votez franchement, à haute voix _ et à bulletins découverts! (1) ». Comme le relate le *Moniteur*, « le sous-préfet appelé troisième à voter refuse de le faire au bout de la table; c'est en face des membres du bureau qu'il veut voter. Il porte à cet effet une chaise sur laquelle il était assis, il la place en face du scrutateur, c'est là qu'il écrit son vote. M. le sous-préfet... laisse sa chaise. On avait dit aux fonctionnaires : Vous n'irez pas inscrire votre vote à l'extrémité du bureau, vous le ferez sur la

---

(1) Un électeur de la Seine. *Les Bourbons et la monarchie*. Paris, chez Boucher, 1824, p. 16.

chaise placée en face du président ». (*Moniteur,* 1830, p. 885.)

Du reste, les trahisons et les contre-trahisons s'entremêlaient d'une façon bizarre : « Pour concilier la position embarrassante de plusieurs fonctionnaires publics qui ne voulaient déplaire ni à l'autorité, ni à leurs concitoyens, il avait été décidé que les électeurs fonctionnaires recevraient des mains du président du bureau un bulletin sur lequel le nom de M. Dudon (candidat ministériel) aurait été écrit d'avance, et qu'ils feindraient, par la marche de la plume, d'inscrire le nom de M. de Montbrian, tandis que la plume, non imprégnée d'encre, ou non appuyée, ne tracerait aucun nom. » (*Moniteur,* 1830, p. 897.)

Ensuite, il y a la curiosité du président; il prétend avec aplomb que la loi lui enjoint de sauvegarder « la liberté du scrutin ». Donc, chaque électeur doit être libre de déclarer s'il veut voter ouvertement ou secrètement. A cet effet, le président posera à chacun d'eux la même question :

— Vous défiez-vous du bureau?

A quoi « plusieurs, par politesse déplacée, répondent que *non* ». Or, ajoute avec indignation le tract (1), « il n'y a pas d'article de Code, ni de loi électorale qui défende de se défier des présidents nommés par les ministres. »

---

(1) Anonyme. *Avis à Messieurs les électeurs.* Paris, chez Chantpie (1822?).

Du reste, nous avons un rapport officiel qui reconnaît qu'à Brest, en 1822, on avait fait voter à bulletins ouverts tous les fonctionnaires : « Sans doute, elle (l'opposition) s'élèverait fortement aussi contre la mesure prise à Brest de faire voter ouvertement les fonctionnaires publics, mais comme à Brest elle a triomphé, cette considération rendra les plaintes moins amères et l'empêchera peut-être même d'en faire aucune relative à cet arrondissement (1) ».

Le scrutin doit être déclaré clos à trois heures de l'après-midi. Il n'en est pas toujours ainsi. Le nombre des électeurs étant restreint, le président est toujours à même de savoir si tous les électeurs, sur lesquels il compte, ont déjà voté. Il se passe donc des scènes comme celle-ci :

> Trois heures sonnent et le président ne le déclare pas fermé. Cependant, l'appel et le réappel étaient faits ; on se demande les causes de ce retard. Bientôt elles furent connues. On entend venir grand train une voiture de poste sur le devant de laquelle était un gendarme ayant l'air d'amener deux prisonniers qui étaient dans le fond. La voiture s'arrêta à la porte de la salle où se tenait l'assemblée. Ces personnes descendent. C'étaient, dit-on, deux électeurs. Ils sont, à l'instant, sai-

---

(1) Préfet du Finistère, confidentielle, au ministre de l'intérieur, 5 décembre 1822. Archives Nationales, Fic. III.

sis par le bras et traînés en courant jusqu'au
bureau, où on veut les faire voter. On se récrie
alors de toutes les parties de la salle. On demande la clôture du scrutin. On ne connaît
pas les deux hommes qui sont au bureau, ils
n'ont pas exhibé leurs cartes d'électeurs. Le
tumulte est à son comble. M. le président tire
sa montre pour prouver qu'il n'est pas encore
trois heures; il la met en évidence, et toute
l'assemblée peut se convaincre qu'elle indique
trois heures et un quart. M. le président est
forcé d'en convenir, mais, tandis qu'il discute
encore, on écrit à la hâte le vote des pré-
tendus électeurs, et on le jette précipitamment
dans l'urne sans que l'assemblée les ait vus
prêter le serment exigé par la loi. (*Détails sur
ce qui s'est*, etc., p. 4.)

Si le quorum n'est pas atteint, la suite du scrutin est remise au jour suivant; de même, pour les
ballottages, s'il y a lieu. Le préfet considérait
comme son premier devoir de faire venir aux
urnes tous les électeurs sur lesquels le Gouvernement pouvait compter. « Je réunis dans la nuit —
écrit le préfet des Basses-Alpes au ministre de la
police (1) — tous mes moyens pour m'opposer à
l'élection; il ne fallait pas perdre un seul instant;
j'écrivais moi-même à des fonctionnaires et à des
personnes dont j'étais sûr. » Les libéraux se
livraient à des « stratagèmes ». « Mais, instruits
dans la nuit du départ des émissaires que j'aurais

____

(1) Archives Nationales, F7, 4.348, 23 sept. 1816.

envoyés, pour chercher des électeurs à la dévotion de M. de Gestras, les amis de M. Basterreche imaginèrent un stratagème pour maintenir la confiance parmi les électeurs de leur clique. Ils firent aller et venir toute la nuit des chevaux et des voitures afin de persuader aux faibles qu'il était arrivé un renfort considérable. Les mêmes individus circulèrent dans les auberges comme nouveaux arrivants (1). »

Pour les électeurs très marquants de l'opposition, le procédé inverse était appliqué : on leur interdisait l'entrée du collège même si, malgré tous les efforts, on n'avait pas réussi, au préalable, à les rayer des listes électorales. Voici une lettre de l'Aisne du 23 septembre 1816, adressée au ministre de la police générale, et donnant tous les détails d'un véritable complot ourdi par l'administration contre un électeur, porté sur la liste des électeurs (2).

Nous sommes obligés de citer assez longuement cette lettre, qui éclaire d'une lumière singulière les mœurs administratives d'alors :

> Votre Excellence me mande que je ne dois prononcer aucune exclusion arbitraire...
> Je n'ai pas hésité à placer sur les tableaux remis aux présidents les individus les plus équivoques. Mais il en est un qui m'a paru

---

(1) Même rapport.
(2) Archives Nationales, F7, 4.348.

devoir être l'objet d'une exception. C'est
M. de Caulaincourt. Dès le 9 septembre, j'ai
écrit à Son Excellence, le ministre de l'intérieur, pour lui rappeler le mauvais effet que
produirait immanquablement la présence de
M. de Caulaincourt dans l'assemblée électorale
dont il est membre; j'ai dit qu'à son seul
aspect, les esprits pourraient s'échauffer subi-
tement et sortir à l'instant de ce caractère de
modération auquel le ministère met tant de
prix en cette circonstance; enfin, j'ai proposé
de ne lui point adresser de lettre de convocation, sans entrer avec lui en aucune espèce
d'explications relativement à cette proposition, ainsi qu'il résulte de sa lettre du 12; elle
m'a même fait savoir que dans le cas où
M. de Caulaincourt *se présenterait* à l'assemblée, je devais le faire appeler, lui faire sentir
à quel point il était déplacé dans cette réunion, et lui donner à entendre qu'il voulait
faire oublier ce que son nom rappelait nécessairement et en donnerait la preuve par une
abstention volontaire. Il en serait rendu
compte à Sa Majesté comme d'une marque de
docilité. (Archives Nationales, F7, 4.348.)

DÉPOUILLEMENT.

Sauf imprévu, on procède au dépouillement
immédiatement après la clôture du scrutin ou le
lendemain matin. L'imprévu peut se présenter
sous diverses formes, car les partis qui estiment
qu'ils ont été battus ne reculent pas même devant
les délits. En voici un exemple : « Le 8, à six
heures du matin, j'ai été averti par le concierge de

l'hôtel de la préfecture, que la boîte du scrutin avait été enlevée à la suite d'une escalade avec effraction opérée sur une des croisées de la salle des séances du collège électoral. »

C'est le président lui-même qui procède au dépouillement. Les électeurs, de leur côté, prennent des précautions. « Partout, dit un tract, où il y a tentative du président de s'isoler et de s'arroger le droit de lire les bulletins sans les montrer, il y a volonté de déception. » Les électeurs doivent donc s'approcher du bureau et surveiller de près la lecture.

Le maire de Vouneuil, M. Deverteillac, avait consacré une brochure volumineuse à l'examen « d'une question électorale de la plus haute importance », savoir : « Messieurs les présidents des collèges électoraux sont-ils libres de lire *seuls* les bulletins, ou doivent-ils, *avant* de les proclamer, les montrer à Messieurs les scrutateurs? »

Dès que la lecture a été faite, on doit exiger que tous les bulletins soient brûlés. « Demandons à Monsieur le président, avant la mise du bulletin, sa parole de le faire brûler avant que nous nous séparions, afin que l'urne qui l'aura contenu ne puisse pas le transmettre à l'inquisition d'aucun parti (1). »

---

(1) Anonyme. *Opinion d'un électeur à deux voix,* s. d. (1822). Melun, chez Lefèvre-Compigny.

Cet *autodafé* a une telle importance que, dans
certains collèges, on conclut avec le bureau, avant
de procéder au vote, un accord stipulant que le
bureau ne se séparera pas avant d'avoir détruit
tout le contenu de l'urne. « On se rappelle ce qui
s'est fait à d'autres élections, on craint que les
bulletins ne soient conservés après le dépouillement public, pour être vérifiés de nouveau au
moyen de signes de reconnaissance que l'on aurait
imposés à certains électeurs ; on craint qu'une pa-
reille manœuvre n'empêche le libre vote des électeurs timides ou des fonctionnaires ; on demande,
en conséquence, la destruction des bulletins immédiatement après la séance ; après quelque hési-
tation, M. le président en fait la promesse (1). »

Du reste, il suffit de mentionner un incident qui
s'était produit dans le Lot-et-Garonne, en 1846,
pour démontrer que ces précautions concernant
l'incinération des bulletins n'étaient pas mal fondées. Au dépouillement des bulletins du bureau
définitif, on trouva deux billets avec une inscription telle, que le président, saisi « d'horreur », les
mit immédiatement sous scellés avec le reste des
bulletins déposés (pour faciliter l'enquête éventuelle...) et s'en alla rédiger des rapports : au préfet, au ministre de l'intérieur et à celui de la police. Tellement saisi était-il que, dans aucun de

----

(1) *Détails*, etc., p. 2.

ses rapports, il n'osa reproduire les inscriptions sacrilèges. Son Excellence elle-même pourra ouvrir les scellés et prendre connaissance de ce que deux électeurs ont osé mettre dans l'urne. La boîte, avec les pièces à conviction, fit le voyage à Paris, et le ministre de la police, fidèle à sa vocation, ordonna une enquête en précisant qu'il faudra comparer les bulletins délictueux avec les écritures de tous les électeurs (1) du collège.

Le préfet annonce la défaite de ses ennemis par un véritable bulletin napoléonien : « Les candidats royalistes ont passé à une immense majorité. *Nos ennemis* n'ont pas manqué à l'appel... Ils ont pu voir combien leur nombre était insignifiant (2). »

· Un autre spécimen de cette littérature ; c'est une circulaire du préfet des Vosges aux maires, circulaire citée par M. B. Constant, le 20 février 1828 :

> Cabinet du préfet. Epinal, le 30 novembre 1827. « Messieurs, les élections sont terminées, je n'ai point à examiner si les choix qui ont eu lieu dans ce département sont, autant qu'il eût été à désirer, également dans l'intérêt du Roi; ils sont tous honorables et nous n'avons point, comme dans plusieurs départements, à gémir d'avoir vu sortir de l'urne

(1) Archives Nationales, F7, 4.348, 19 octob. 1816.
(2) Archives Nationales, Fic., Lot, 4, Préfet aux maires, 19 novembre 1827,

électorale ces noms si malheureusement si-
gnalés par une honteuse et désastreuse célé-
brité.

« Je vous le répète, les élections sont termi-
nées. L'alarme qu'avaient jetée dans tous les
bons esprits, dans tous les fidèles sujets du
Roi, des choix hostiles et provocateurs, est
entièrement dissipée. Ceux même qui pro-
fessent des opinions libérales, mais sages et
modérées, qui sont amis de l'ordre et de cette
tranquillité qui seule fait fleurir l'industrie,
s'éloigneront avec effroi, avec mépris, de cette
poignée d'hommes perturbateurs que le véritable patriotisme avait écartés, que l'effervescence a de nouveau lancés dans ,l'arène.
Enfin, malgré leurs efforts impuissants et coupables, le royalisme triomphe. » (*Moniteur*,
1828, p. 220.)

LES PROTESTATIONS.

Aux vaincus, aux libéraux, il ne restait que la
consolation de déposer une protestation à la
Chambre. Voici l'histoire d'une de ces protestations, rédigée en province.

En novembre 1822, une vingtaine d'électeurs
de Roanne, outrés par les fraudes sans nombre du
sous-préfet (fausses inscriptions, refus d'inscription, violation flagrante du secret des votes), se
décidèrent à déposer une protestation. C'était la
première fois que pareil fait se produisait à
Roanne. L'émoi de l'administration fut énorme.

Le sous-préfet chargea le commissaire de police

Morel de faire une enquête. Le rapport de ce fonctionnaire est un vrai joyau de style (1). Il connaît fort bien tous les signataires de la protestation. Ce sont des gens remuants et suspects. Le sieur Laurent, « pendant les quarante-deux jours qui ont précédé les élections, n'a pas couché une seule fois dans le même lit ou sous le même toit ». Le jour des élections, il avait organisé, avec ses amis, une espèce de quartier général vis-à-vis de la préfecture, où l'on procédait au scrutin. « Ces individus arrêtaient les électeurs se rendant à leur poste et leur distribuaient des billets indiquant les membres qu'ils devaient nommer pour la formation du bureau électoral. » Que M. le sous-préfet ne s'imagine pas qu'ils s'adressaient, ce faisant, à des personnes bien pensantes. Loin de là. Pas un billet ne fut remis « à cette classe d'hommes éclairés, lesquels sont glorieux d'user d'un privilège qui leur est accordé par la loi dont ils veulent jouir en liberté, selon l'indication de leur conscience et qui, fermes dans leurs principes, ne permettraient pas que des hommes rêvant constamment la liberté licencieuse, quoique esclaves de leurs passions, viennent leur apporter des insinuations (*sic*) étrangères à leurs sentiments particuliers ». Mais la propagande des suspects ne donna pas le résultat qu'ils escomptaient. « En

____

(1) Archives Nationales, Loire, 3.

résumé, ils ont vu flétrir en peu d'instants les fleurs de leur génie méditateur, s'écrouler l'édifice de leurs longues combinaisons qu'ils disaient être supportées sur des murailles d'airain... » Alors, ils formèrent « l'illustre députation, qui est venue gravement faire le dépôt de la protestation ». Mais que M. le sous-préfet ne soit pas impressionné par le nombre des signatures. « Plusieurs des protestataires ont été entraînés comme par enchantement et ont signé sans réflexion, ce qui est sincèrement établi par le repentir qu'ils nous ont manifesté immédiatement après l'action. »

En possession de ce rapport, le sous-préfet de Roanne écrit au préfet de la Loire. Ce qui l'occupe, ce n'est pas la protestation; il ne la réfute que par quelques mots dédaigneux. L'essentiel, c'est que le parti ministériel ait remporté la victoire; cela seul compte. Mais il ne faut pas « s'endormir sur un succès ». Messieurs les libéraux « ont montré, jusqu'au dernier moment, trop d'audace »; ils ont employé trop d'insinuations de toute espèce pour « ramasser les suffrages en faveur de leur ridicule et méprisable candidat ». Il est nécessaire de frapper un grand coup; la protestation servira de motif. Parmi les signataires, le sous-préfet relève les noms de deux fonctionnaires : le sieur Forest et le juge d'instruction Alcock. En ce qui concerne le premier, « il est convenable de le priver des fonctions qui devraient même lui *répugner,* puisqu'elles le mettent en rapport avec des fonctionnaires d'un ordre plus élevé dont il blâme les opérations. Le cas du juge est plus délicat. Quoique indigne de la confiance du Roi, il est revêtu du « bouclier de l'inamovibilité » et est, par conséquent, « hors de votre compétence ». Le sous-préfet ajoute avec impudence : « ... et même, *à ce qui paraît,* en dehors de celle du Gouvernement ». Il signale donc — sans plus — ce « carbonaro » à l'attention du préfet, en espérant que M. le garde des sceaux trouvera un moyen d'arrêter sa propagande (1).

Enfin, le préfet de la Loire écrit au ministre (2). Le sieur Deville a été rayé des listes électorales et les protestataires s'en plaignent. Le préfet donne quelques brèves explications juridiques et puis ajoute, comme argument suprême : « Ce ne sont pas les seules raisons qui m'ont fait prendre la décision en question. » Le sieur Deville est enfant naturel d'un homme que les révolutionnaires ne signalent que trop à l'indignation publique. On le soupçonne aussi d'avoir falsifié des « thymbres de conscription » (*sic*).

L'affaire n'a pas donné lieu à une invalidation.

Du reste, rien n'était plus difficile que de faire

______

(1) Archives Nationales, Fic., Loire, 3. Lettre du 27.XI.1822.
(2) Archives Nationales, *ibidem*, 28.XI.1822.

parvenir à Paris une protestation contre les agissements d'un préfet.

Le préfet du Jura apprend que c'est le sieur Colin qui a été désigné par les libéraux pour porter la protestation à Paris. Il délègue un commissaire de police pour faire un rapport (1). C'est sur un ton méprisant que le commissaire Camet met M. le préfet au courant de ce qu'il a vu. « Faire le détail à M. le comte des ruses employées par le sieur Colin pour partir de cette ville (Lons-le-Saunier) serait peut-être trop long. » Le fait est que Colin s'est rendu vendredi dernier à Clairnoiseau, sur la route de Dôle, chez son père. La nuit, une voiture le conduisait à Dôle où il ne s'est pas arrêté et ne s'est même pas montré. En même temps, pour donner le change à la police, le père faisait venir, samedi matin, un perruquier pour faire raser son fils, déjà parti. Le perruquier, bien entendu, a été renvoyé sous le prétexte que Colin fils « n'était pas encore arrivé ». Questionné, le père dut avouer que son fils était déjà sur le chemin de Paris; même, il a reconnu que c'était pour « attaquer M. le préfet que ce voyage avait été entrepris ». Quels moyens de pression avait employé Camet? Nous l'ignorerons toujours; mais le malheureux père finit par dévoiler tous les plans des libéraux. « Il (son fils) ne leur écrira jamais

---

(1) Archives Nationales, F7, 4.348, 28 janvier 1828.

directement, mais par occasion ; tantôt les lettres
viendraient par Besançon, tantôt par la Suisse et
quelquefois par Lyon. » Le commissaire a appris
aussi que le sieur Colin avait emporté avec lui
« toute la correspondance du comité directeur » ; il
regrette vivement que les ordres n'aient pas été
donnés à temps pour « faire visiter en route les
bagages du protestataire ». Et il conclut : « Il est
urgent de le faire surveiller à Paris ».

F I N

TABLE DES MATIÉRES

Les Mœurs Electorales en France

CHAPITRE TROISIEME

LES OPÉRATIONS ÉLECTORALES

I. — Les listes électorales.

II. — Le scrutin.

ACHEVÉ D'IMPRIMER LE 21 AVRIL 1928
SUR LES PRESSES
DE L'IMPRIMERIE GRAPHIQUE
9, RUE SAINT-GILLES, 9
PARIS

www.ingramcontent.com/pod-product-compliance
Lightning Source LLC
LaVergne TN
LVHW021147050726
842519LV00002B/540

9782329204475